Profession

GRANDS PARENTS

Pour mon père, Arthur Trostler, qui aurait été un grand-père formidable.

Publié pour la première fois en anglais par Quirk Books, Philadelphia, Pennsylvania

Ce livre a été négocié par l'agence littéraire Sea of Stories, www.seaofstories.com, sidonie@seaofstories.com

dépôt légal : mars 2010
ISBN : 978-2-501-06368-5
code : 40-3761-0

Mise en pages : Frédéric Voisin
Imprimé en Italie par Rotolito Lombarda

Profession GRANDS PARENTS

Tout ce qu'il faut savoir pour s'occuper de ses petits-enfants

par Elizabeth LaBan

et mamie BARBARA TROSTLER
et papi MYRON LABAN

MARABOUT

Sommaire

II. *Jeux et activités d'intérieur et d'extérieur* 58

III. *Loisirs créatifs et recettes de cuisine* 94

Introduction

Être grands-parents : un lien magique

Après la naissance de ma fille Alice, à l'instant où ma mère a posé les yeux sur ce bébé en pleurs, j'ai su qu'un lien magique se tissait entre elles. La nouvelle grand-mère avait soigneusement choisi sa plus belle tenue et son pull le plus doux pour venir à la maternité. Elle a pris Alice dans ses bras et ne l'a pas quittée du regard pendant plus d'une heure. Le plus incroyable, c'est qu'Alice aussi la regardait. Une heure durant. Alice a passé presque toute la première semaine de sa vie à pleurer. Mais dès que ma mère la prenait dans ses bras, ce bébé minuscule retrouvait toute sa sérénité. Honnêtement, j'aurais donné n'importe quoi pour échanger les rôles avec ma mère. Mais cette fois, ma mère ne voulait qu'une chose : être la grand-mère.

Le don qu'elle était en train de faire à ma fille n'a pas de prix. En un instant, elle lui avait offert toute son expérience, sa douceur et surtout sa patience, juste au moment où nous en avions le plus besoin. C'est ce don, ainsi que ceux de tous les grands-parents de mes enfants, qui m'a donné envie d'écrire ce livre, avec ma mère et mon beau-père.

Pendant que nous constituions notre liste d'activités et de conseils, ma mère et mon beau-père ont interrogé d'autres grands-parents à travers tout le pays. Certains vivaient près de leurs petits-enfants, d'autres pas. Ils ont parlé de ce qu'ils auraient aimé savoir avant de devenir grands-parents, de leur souvenir préféré et de ce qu'ils auraient voulu faire différemment. Mais ce que ces grands-parents auraient souhaité par-dessus tout, c'est passer plus de temps avec leurs petits-enfants. Ils avaient compris que passer du temps ensemble était beaucoup plus important que d'offrir des cadeaux. Ils avaient compris que le temps partagé avec leurs petits-enfants était un cadeau en soi.

Ce livre propose une infinité d'idées pour profiter de ce temps précieux en compagnie de vos petits-enfants et créer des souvenirs chers à tous, que vous soyez chargé des soins quotidiens du nouveau-né ou que vous partiez à l'aventure en pleine nature, avec un bambin sachant déjà parler et marcher. Vous réapprendrez comment baigner et emmailloter bébé et quels aliments éviter chez l'enfant de moins d'un an, car certaines pratiques ont peut-être changé depuis l'époque où vous éleviez vos enfants, et vous avez peut-être oublié comment faire dans certaines situations. Vous découvrirez aussi de nouvelles activités, comme créer un jardin de lutins ou reconstituer un arbre généalogique, et vous redécouvrirez le plaisir des recettes de cuisine familiales, transmises de génération en génération.

Neuf ans après avoir fait la connaissance d'Alice, ma mère raffole toujours autant de ses petits-enfants. Quand je rentre avec le dossier scolaire de mon fils, Arthur, et que je prends à peine le temps de le feuilleter parce que je dois préparer le dîner, répondre à des e-mails ou profiter de quelques minutes de liberté pour écrire, ma mère, elle, étudie chaque page lentement et soigneusement, en s'imprégnant de tout ce qu'il a appris. Lorsqu'elle aide Alice à travailler son piano ou à revoir ses tables de multiplication, ma mère considère toujours cela comme un honneur, jamais comme une corvée. Quand je suis pressée, fâchée ou fatiguée, ma mère et mes beaux-parents ne le sont jamais. Aucun e-mail, aucun dîner, aucun article ne passera avant leurs petits-enfants. (En fait, mon beau-père se laisse distraire de temps à autres par les caprices de sa porte de garage ou les mauvaises herbes qui envahissent son jardin, mais il ferait n'importe quoi pour ses petits-enfants.)

Ce n'est pas toujours facile d'être grands-parents. Vous devrez ménager vos enfants pour faire connaissance avec les leurs. Vous vous apercevrez parfois que vous avez froissé votre fils ou votre fille, alors que vous pensiez agir dans l'intérêt de vos petits-enfants. D'autres fois, vous devrez chercher à comprendre ce qui compte pour vos petits-enfants, ce qui les intéresse et ce qu'ils aiment faire. Sans oublier que tout cela peut totalement changer d'une visite à l'autre et d'un enfant à l'autre.

Mon beau-père dit souvent qu'il a longtemps mûri l'idée de devenir père, mais qu'il est devenu grand-père du jour au lendemain. Il n'a pas eu le temps de s'y préparer. Alors saisissez votre chance. Ce livre regorge d'outils et de conseils utiles à appliquer chemin faisant. J'espère qu'il apportera une touche supplémentaire de gaieté et de magie aux moments passés avec vos petits-enfants. Bienvenue dans l'univers des grands-parents !

Devenir grand-mère

par mamie Barbara (alias Barbara Trostler)

Juste après la joie indicible que j'ai ressentie à la naissance de ma fille, les plus grands événements de ma vie ont été les naissances de mes deux petits-enfants, Alice et Arthur. Ma fille et son mari avaient enfin des bébés et j'allais pouvoir les aimer, les câliner, et encore les aimer !

Évidemment, ils n'ont pas manqué de me rappeler à quel point il est difficile d'endormir un nouveau-né capricieux. Tous ceux qui liront ce livre se reverront arpenter la chambre en long, en large et en travers, tentant désespérément d'endormir le bébé en pleurs dans leurs bras. Jusqu'au moment où, soudain, ce petit corps fragile s'alourdit. On comprend alors que le marchand de sable est passé, et c'est un soulagement indicible.

Mes petits-enfants grandissaient, mais l'heure du coucher restait un moment privilégié à chacune de mes visites. J'adorais lire des histoires à Alice. Je voyais ses paupières s'alourdir, se fermer et se rouvrir. Un sourire... puis ses yeux se refermaient. Je leur chantais les chansons que mes parents me chantaient lorsque j'avais leur âge. (Mes talents de chanteuse sont assez limités, mais ça n'a jamais semblé déranger mes petits-enfants.)

Même lorsque je m'acquittais de certaines tâches ingrates qui m'incombaient en tant que grand-mère, il y a toujours eu des moments, surtout lorsque mes petits-enfants étaient encore assez petits, où je sentais qu'ils appréciaient sincèrement ma présence. Plus encore : je sentais qu'ils m'aimaient ! J'expliquais à mes amis que je ne pouvais pas m'empêcher d'y penser et que c'était une aventure absolument fantastique.

Ce livre est là pour vous rappeler de profiter pleinement de chaque instant passé en compagnie de vos chers petits-enfants. Vous y trouverez les nombreux thèmes et fils conducteurs qui ont guidé nos entretiens avec d'autres grands-parents, et nous espérons que ces idées et ces activités à partager avec la jeune génération vous rappelleront celles que vous partagiez avec vos propres grands-parents et parents.

J'ai récemment préparé une tarte aux pommes avec Alice, Arthur et ma fille. Cela a fait ressurgir un flot de souvenirs de l'époque où j'aidais ma grand-mère à la cuisine. J'ai eu la chance de découvrir que la transmission de ces traditions et l'émerveillement qu'elles suscitent étaient le meilleur moyen de tisser un lien entre les générations.

Devenir grand-père

par papi Myron (alias Myron LaBan)

Devenir père est généralement un acte réfléchi et volontaire. Devenir grand-père est un acte involontaire. Du jour au lendemain, vous vous réveillez à côté d'une grand-mère, sans que personne vous demande votre avis ou votre permission. Mais quand on devient père ou grand-père pour la première fois, c'est une nouvelle aventure qui commence. Traditionnellement, les nouveaux grands-parents apprennent à remplir leur nouveau rôle « sur le tas ». Mais avec ce livre, en tant que parents et grands-parents chevronnés, nous espérons vous aider à faire la transition. Les pages qui suivent regorgent de conseils de bon sens et d'idées tirées de nos années d'expérience et de celles de grands-parents que nous avons interrogés.

Tout d'abord, quelques principes de base. Rappelez-vous que, même lorsque vous goûtez aux joies dynastiques d'éduquer un enfant qui possède un quart de votre patrimoine génétique, votre nouvelle fonction peut vous entraîner dans toutes sortes d'intrigues politiques insoupçonnées. Les conseils prodigués à la jeune mère, par exemple, même s'ils partent d'une bonne intention, peuvent être mal perçus par celle-ci, tout comme comparer vos talents de père à ceux de votre fils ou de votre beau-fils sera fatalement source d'ennuis. Pesez bien vos mots avant de donner votre avis, car même les suggestions les mieux attentionnées peuvent être perçues comme des critiques.

Chaque étape de votre relation avec ce nouvel enfant vous rappellera certainement votre parcours de parent. Tenez-vous prêt : après avoir survécu aux nombreuses heures de surveillance des premières années, vous être émerveillé devant les jeux de bébé, vous aurez le privilège de découvrir les joies des dents qui poussent et peuvent faire mal, très mal ! Plus tard, vous devrez enfin vous rendre à l'évidence que votre petit « prodige », pourtant si précoce et si adroit avec ses jouets éducatifs, est en fait aussi doué que ses camarades de maternelle… et vous accepterez l'idée que c'est aussi bien comme ça.

Bientôt, quand le cher petit maîtrisera l'art subtil de la communication, il opérera une énième métamorphose et deviendra un ou une ado à l'emploi du temps surchargé qui n'aura plus le temps de rendre visite à ses aïeux. En un rien de temps, après avoir financé les études supérieures de vos propres enfants, leur mariage, voire leur premier prêt, vous aurez peut-être aussi l'honneur, si vos moyens vous le permettent, de devenir les premiers garants des études de vos petits-enfants.

Tout au long de ce voyage, vous emprunterez des chemins balisés par nombre d'autres grands-parents. Grâce à ce livre, nous espérons que leurs conseils éclaireront et stimuleront à la fois ceux qui n'ont pas fini leur voyage (mais le finit-on un jour ?) et ceux dont l'aventure est sur le point de débuter.

Paroles de grands-parents

QU'AVEZ-VOUS APPRIS À FAIRE ET À NE PAS FAIRE EN TANT QUE GRANDS-PARENTS ?

« Couvrez-les de câlins et de bisous dès leur plus jeune âge. Disputez-les le moins possible. »

Zoé, 6 petits-enfants

« Rappelez-vous que vous êtes leurs grands-parents. Pas leurs parents. »

Bernadette, 3 petits-enfants

« Quand vous recevez votre famille, embrassez vos petits-enfants après avoir embrassé leurs parents. »

Louise, 4 petits-enfants

« Pratiquez des activités qui plaisent à vos petits-enfants : sport, arts, lecture. Cela permet d'établir une relation privilégiée. »

Bernard, 1 petit-fils

« N'allez pas à l'encontre des consignes données par les parents. Ne faites jamais de concessions à vos petits-enfants en ajoutant : « Ne le dites pas à vos parents. » »

Églantine, 3 petits-enfants

« N'interférez pas lorsque les parents disciplinent leurs enfants. Prodiguez des conseils quand on vous le demande. »

Marie-Laure, 5 petits-enfants

“À faire : les aimer, les câliner, sans pour autant les étouffer. Créer des souvenirs au travers d’activités adaptées à leur âge. Passer autant de temps que possible avec eux. Leur raconter l’histoire de la famille. Donner des conseils honnêtes, mais ne pas critiquer les parents. Offrir des choses matérielles, dans la limite du raisonnable. Enseigner les bonnes manières et la politesse. À ne pas faire : prendre parti. Restez neutres, mais donnez votre avis quand on vous le demande.”

Jo, 2 petits-enfants

“Soyez vous-même. Ne soyez pas avare de câlins et de bisous, mais si cela les embarrasse, n’en faites pas trop. Ne contredisez pas les règles instaurées par les parents. Ne percevez pas les autres grands-parents comme des rivaux. Vos petits-enfants ont une quantité illimitée d’amour à offrir !”

Michèle, 4 petits-enfants

“Soutenez-les. Ne les jugez pas. Les cheveux longs, la musique à fond, ça leur passera.”

Karine, 4 petits-enfants

“N’oubliez pas leurs anniversaires. Donnez-leur un amour inconditionnel. Riez à leurs plaisanteries. Cajolez-les. N’essayez pas de jouer le rôle des parents.”

Dominique, 9 petits-enfants

“Essayez d’agir de façon égalitaire, surtout lorsque vous offrez des cadeaux : faites en sorte que tous s’équivalent.”

Laurent, 3 petits-enfants

1

S'occuper de bébé

Cours de remise à niveau des grands-parents

Les nouveaux grands-parents tiennent souvent les bases de la puériculture pour acquises. Après tout, vous avez surmonté haut la main les étapes des couches, du biberon, des nuits et des dispositifs de sécurité avec vos propres enfants. Alors, pourquoi s'inquiéter ? Tout ce savoir-faire si difficilement obtenu sera d'une aide précieuse à vos enfants et à vos petits-enfants, mais le jour où votre fille vous confiera son nouveau-né et vous demandera de changer une de ces couches écologiques nouvelle génération, vous ne saurez peut-être pas par où commencer. Ou alors, imaginez que votre fils vous supplie de garder son bébé en pleurs, pour que lui et sa femme puissent souffler un peu (une heure tout au plus), et que le chérubin n'arrête pas de pleurer. Vous vous rappellerez peut-être ce que vous faisiez autrefois pour calmer votre propre enfant. Mais il se peut aussi que vous soyez un peu « rouillé » et que vous peiniez à mobiliser vos anciens réflexes.

Lisez attentivement notre cours de remise à niveau en puériculture. Certains de ces conseils raviveront peut-être vos souvenirs. D'autres vous sembleront totalement nouveaux. Mais en un rien de temps vous redeviendrez un expert.

Et le mieux dans tout ça ? C'est que même si votre petit-fils ou votre petite-fille refuse de s'endormir, vous pourrez toujours rendre ce bébé à ses parents et les laisser prendre le relais !

Comment changer une couche

Cela doit faire des années que vous n'avez pas changé de couche, vous n'en avez peut-être même jamais changé du tout (si, si, ça existe encore des hommes qui n'ont jamais fait ça de leur vie !). Mais ce n'est pas une raison pour se laisser intimider. Grâce aux miracles des couches jetables compactes et des lingettes pour bébé, changer bébé n'a jamais été aussi facile.

Vos enfants ont peut-être choisi de protéger la planète en revenant aux méthodes d'antan, qui nécessitent des langes en tissu, des épingles de nourrice et moult lessives. Dans ce cas, proposez-leur de se convertir temporairement aux couches jetables lorsque vous êtes de garde. S'ils protestent, dites-leur que vous avez perdu la main et que vous craignez de piquer le bébé avec l'épingle de nourrice. Cela devrait suffire à les convaincre.

Ce qu'il vous faut :

- ★ Un matelas ou une table à langer
- ★ Des lingettes pour bébé
- ★ De la crème hydratante et protectrice
- ★ Un sac en plastique pour jeter la couche sale

1 Réunissez tout le nécessaire. Si vous n'êtes pas chez vous, vérifiez que tous ce dont vous avez besoin est à proximité de la table à langer. Si le bébé est chez vous, vous devrez peut-être installer un endroit où le changer, le temps de sa visite. Vous pouvez acheter un matelas à langer, mais une grande serviette étendue sur un lit fera très bien l'affaire. Quoi que vous fassiez, rappelez-vous : ne laissez *jamais* le bébé sur la table à langer sans surveillance.

2 Ouvrez une couche propre et mettez-la de côté.

3 Couchez le bébé sur le dos et ôtez le bas de son vêtement.

4 Ouvrez lentement et délicatement la couche sale.

5 Si la couche est mouillée, il suffit de la plier et de la mettre dans le sac en plastique. Nettoyez les fesses de bébé à l'aide d'une lingette.

6 Si la couche contient des selles, soulevez les chevilles de bébé pour pouvoir lui nettoyer les fesses. Cette opération nécessitera probablement plusieurs lingettes. S'il s'agit d'une petite-fille, prenez bien soin de l'essuyer d'avant en arrière. Déposez les lingettes usagées sur la couche sale ouverte.

7 Une fois que les fesses de bébé sont assez propres pour reposer sur la serviette ou le matelas à langer, refermez la couche sale (serrez bien à l'aide des bandes adhésives) et jetez-la dans le sac plastique.

8 Appliquez une quantité généreuse de crème sur les zones irritées (à moins que vos enfants ne vous aient donné d'autres instructions).

9 Soulevez doucement les chevilles de bébé et glissez la couche propre sous ses fesses.

10 Reposez les jambes de bébé, rabattez l'avant de la couche et fixez-la à l'aide des bandes adhésives. Vous devez pouvoir passer un doigt entre la couche et le ventre de bébé. Inversement, si la couche n'est pas assez serrée, elle risque de glisser.

11 Rhabillez bébé et débarrassez-vous de la couche sale. Si elle contient des selles, vous pouvez la jeter sans attendre dans une poubelle à l'extérieur (après avoir placé le bébé en sécurité dans son berceau, bien sûr).

12 Lavez-vous soigneusement les mains.

Attention !

Il se peut que bébé pose les pieds dans son caca sans crier gare. Si c'est le cas, nettoyez-lui soigneusement les pieds avec des lingettes. De plus, il arrive que les garçons urinent pendant que leur couche est ouverte. Dans ce cas, munissez-vous d'un lange en tissu supplémentaire et placez-le sur le pénis de votre petit-fils pendant que vous le changez.

Six techniques pour calmer un bébé qui pleure

Vous souvenez-vous de votre retour de la maternité et des premiers jours à la maison avec votre fils ou votre fille ? Eh bien, maintenant que cet enfant est devenu parent à son tour, il ressentira peut-être le besoin de vous confier sa progéniture de temps à autre, pour s'offrir une trêve bien méritée. C'est donc l'occasion pour papi et mamie de déployer tous leurs talents.

Même si vos souvenirs en matière de petite enfance sont un peu nébuleux, vous n'avez sûrement pas oublié cette réalité élémentaire : tous les bébés pleurent. Quand ils ont froid, quand ils ont chaud, quand ils ont faim, quand ils sont sales, quand ils sont mouillés, et parfois même juste par ennui ou par frustration. Voici un petit rappel des techniques infaillibles pour calmer bébé. Essayez-en une ou essayez-les toutes à la suite. Vous finirez bien par trouver une solution… Cela pourrait même vous valoir une jolie risette.

1 Changez la couche de bébé. Une couche mouillée ou salie peut causer une gêne. Prenez tout votre temps pour le changer, parlez-lui et appliquez une crème apaisante sur ses fesses. Les bébés adorent qu'on prenne soin d'eux.

2 Bercez bébé dans vos bras ou maintenez-le fermement, allongé sur le ventre, par-dessus votre épaule. Il appréciera peut-être le changement de point de vue.

3 Si bébé a des gaz, une légère pression sur son ventre le soulagera peut-être. Allongez délicatement bébé sur le dos (sur une couverture posée par terre ou sur un lit) et effectuez un mouvement de pédalage délicat avec ses

petites jambes. Cela soulagera peut-être son ballonnement.

4 Bercez bébé d'avant en arrière en arpentant la pièce ou assis sur une chaise à bascule. Si le temps s'y prête, vous pouvez emmener bébé en promenade.

5 Faites-lui écouter des sons apaisants tels qu'une chanson, un simple fredonnement… Beaucoup de bébés sont angoissés par le silence, et ont besoin de bruits familiers pour être rassurés. Allumez la radio, n'hésitez pas à mettre en route votre machine à laver ou votre lave-vaisselle, à passer l'aspirateur…

6 Proposez-lui une tétine ou le bout de votre petit doigt, après vous être soigneusement lavé les mains, bien sûr ! Cela suffit parfois à réconforter et à calmer bébé. Si bébé est habitué à avoir une tétine, ayez toujours plusieurs exemplaires de son modèle préféré à portée de main.

Secret des grands-parents

Parfois, quelle que soit la technique utilisée, bébé continuera de pleurer. Faites de votre mieux pour le consoler. Si vous sentez que vous êtes en train de perdre patience, posez bébé quelques minutes dans un endroit sûr (son berceau, par exemple), le temps de reprendre votre sang-froid.

Comment soigner le moral… et le ventre des nouveaux parents

La venue d'un enfant dans une maison étant un grand bouleversement, la nouvelle famille de votre fils ou votre fille risque de se trouver très désorganisée. Manque de sommeil, soins au bébé et aux aînés, fatigue de l'accouchement pour la maman font que, souvent, les nouveaux parents ne pensent pas à eux et ne font pas de vrais repas. Et pourtant, ils doivent pouvoir recharger leurs batteries pour surmonter l'épreuve des premiers jours à la maison.

Si vous vivez près de chez eux et que vous leur rendez visite après la naissance, préparez et congelez autant de repas que possible. Optez pour des plats simples appréciés de tous et rapides à réchauffer tels que des soupes, des pâtes en sauce ou nature, des boulettes de viande et des crudités lavées et prêtes à l'emploi.

Si vous habitez loin, proposez de cuisiner quelques repas simples lors de votre première visite. Vous pourrez ensuite collecter les menus à emporter des restaurants aux alentours et commander des repas pour les jeunes parents, une fois par semaine, aussi longtemps que votre budget le permettra. Cela constituera un cadeau de naissance très apprécié.

Faire un cocon pour bébé

Depuis que votre enfant a atteint l'âge adulte, vous avez sûrement éprouvé une pointe de nostalgie en repensant à la douceur et à l'émotion ressenties lorsque vous teniez ce petit bébé dans vos bras. Aussi, profitez de goûter à nouveau à ce plaisir, tout en offrant une paire de bras supplémentaires quand votre fils ou votre fille en a le plus besoin.

Bébé, qui vient de passer neuf mois dans un tout petit espace, peut se sentir rassuré et apaisé si vous l'enveloppez dans une couverture, comme dans un cocon, quand le moment de dormir se fait sentir. Au cas où vous ne sachiez comment procéder, nous vous proposons un petit cours de remise à niveau.

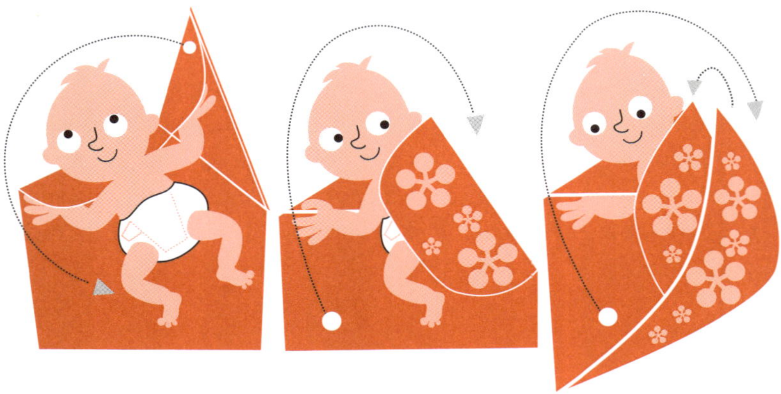

1 Prenez une couverture pour bébé ou un grand tissu carré.

2 Posez-la sur une surface plane de façon qu'elle forme un losange face à vous.

3 Rabattez le coin supérieur de 10 à 12 cm sur la couverture.

4 Posez le bébé sur la couverture, la tête juste au-dessus de la pliure. Le sommet de ses épaules doit être aligné avec le pli de la couverture.

5 Rabattez le côté droit de la couverture en serrant au maximum, de sorte que le bras gauche de bébé soit placé confortablement et plaqué contre son corps.

6 Tenez délicatement le bras droit de bébé au-dessus de la couverture et faites-la passer sous le dos de bébé en serrant fermement.

7 Repliez le coin inférieur sans trop serrer et coincez-le dans le dernier pli de la couverture.

8 Rabattez maintenant le côté gauche de la couverture pour que le bras droit de bébé soit placé confortablement et plaqué contre son corps. Terminez en coinçant ce pan de la couverture dans le dos.

Le B.A.-BA du rot

Si vous avez déjà passé des nuits interminables au chevet d'un bébé souffrant de coliques, vous savez qu'il n'y a pas mieux pour remédier à ces crises qu'un bon rot tonitruant. Le système digestif des nouveau-nés est encore immature et l'air qu'ils avalent pendant la tétée ou le biberon a tendance à les incommoder. Ayez toujours un lange en tissu ou un torchon doux à portée de main avant d'entreprendre une « mission biberon » et protéger vos vêtements en cas de régurgitation. Essayez une de ces techniques à chaque fois que vous donnez le biberon à votre petit-fils ou petite-fille, afin de lui soutirer un joli rot :

- Placez bébé sur votre épaule ou légèrement en diagonale, le ventre contre votre poitrine et la tête sur votre épaule. Tapotez-lui le dos légèrement et frottez vers le haut en dessinant des mouvements circulaires.
- Asseyez bébé sur vos genoux, dos à vous, et tapotez-lui le dos doucement mais fermement, en lui maintenant la tête.
- Allongez bébé en travers de vos genoux, la tête posée sur votre cuisse, et tapotez-lui le dos avec douceur et fermeté.

Secret des grands-parents

Si bébé ne rote pas mais a quand même l'air incommodé, vous pouvez toujours réessayer quelques minutes plus tard. S'il ne rote toujours pas, signalez-le à ses parents. Si cela se produit fréquemment, ils auront peut-être intérêt à consulter un médecin.

Nourrir bébé, section débutant

Il existe plusieurs règles à observer lorsque bébé commence à manger des aliments solides. Les médecins ont une liste d'aliments contre-indiqués pendant la première année du bébé, liés aux risques de réaction allergique ou à l'incapacité du jeune organisme à digérer certaines substances. Voici ci-dessous les principaux aliments à proscrire de l'alimentation d'un bébé :

- ★ Cacahouètes et beurre de cacahouète
- ★ Agrumes et jus d'agrumes
- ★ Fraises
- ★ Chocolat et miel
- ★ Lait de vache
- ★ Noix (surtout s'il existe des antécédents allergiques dans la famille)
- ★ Fruits de mer

Découpez tous les aliments en petits morceaux, pour éviter les risques d'étouffement. Pour les bébés de moins de un an, le mieux est de tout réduire à la taille d'un petit pois.

Voici une liste d'aliments potentiellement dangereux que vous devriez exclure totalement de l'alimentation ou découper finement avant de servir :

- Les grains de raisin et les tomates cerises : coupez-les en quartiers pour les bébés et les très jeunes enfants.
- Le pop-corn : à proscrire avant au minimum leurs trois ans.
- Les bonbons à sucer : à éviter, car ils peuvent facilement se coincer dans la gorge de l'enfant.

- Les gros bonbons à base de gélatine ou de guimauve : ils doivent être réduits en petits morceaux ou tout simplement exclus.
- Les saucisses : coupez-les dans le sens de la longueur avant de les recouper en petits morceaux.
- La viande : toutes les viandes, quelles qu'elles soient, doivent être découpées en tout petits morceaux.
- Les bâtonnets de fromage ou autres petits en-cas difficiles à mâcher : soyez prudent lorsque vous en donnez aux enfants.

Attention !

Faites asseoir l'enfant avant de lui donner à manger et ne le laissez pas manger en voiture. En cas de freinage brusque, il risque de s'étouffer.

La santé de bébé : les bases

Garder ses petits-enfants est extrêmement gratifiant, mais parfois ces adorables bouts de chou nous font comprendre que quelque chose ne va pas. Comme ils n'ont pas les mots pour dire ce qui les incommode, ayez toujours à portée de main les informations nécessaires pour vous occuper d'un enfant malade, que vous soyez chez lui ou chez vous.

1 Demandez aux parents de noter les coordonnées de leur médecin de famille et du service d'urgences le plus proche (avec, à chaque fois, un itinéraire détaillé).

2 Demandez aux parents de vous montrer où se trouvent le thermomètre et tous les médicaments de base dont vous pourriez avoir besoin pendant leur absence.

3 Demandez-leur de noter le poids de l'enfant, pour pouvoir lui administrer la bonne dose de médicament en cas de fièvre.

Soyez attentif aux signes de blessure ou de maladie grave. Amenez immédiatement l'enfant aux urgences si :

- Sa température dépasse les 40 °C.
- Il est tombé.
- Il semble souffrir de douleurs intenses ou paraît déshydraté.
- Il a du mal à respirer.
- Sa peau présente des marbrures violacées.
- Il a la nuque raide.
- Votre instinct vous dit que quelque chose ne va pas.

Comment sécuriser la maison

Qu'ils rampent ou qu'ils marchent, les tout-petits ont vite fait de se blesser, aussi, plus votre maison sera sûre, plus vous et vos enfants aurez l'esprit tranquille à l'idée de laisser ces chers bambins gambader librement chez vous.

Sécuriser une maison est relativement instinctif. Il suffit de se mettre à quatre pattes et de faire lentement le tour des lieux pour voir la maison du point de vue d'un bébé et de garder en tête que, à partir du moment où ils commencent à ramper jusqu'à deux ans environ, les bébés portent *tout* à leur bouche. Cela vous permettra de repérer les dangers instantanément et d'y parer par la suite. Une grande partie de ces aménagements peuvent être réalisés à moindre coût et sans modifier votre espace de vie de façon permanente.

Attention !

Pour la sécurité des bébés et des jeunes enfants, rien ne peut remplacer la surveillance d'un adulte. Même si vous pensez que votre maison est sûre, restez vigilants et gardez toujours un œil sur vos petits-enfants.

1 Rangez les objets petits, cassants ou présentant des risques d'étouffement. Cailloux, bijoux, boutons, pilules, pièces… doivent être tenus hors de portée des enfants.

2 Placez des caches en plastique sur les prises électriques que vous n'utilisez pas. Vous en trouverez dans la plupart des magasins de bricolage.

3 Sécurisez les escaliers à proximité des zones de jeu et de sommeil de vos petits-enfants en installant des barrières amovibles, que vous pourrez enlever après leur départ. D'une simple pression, vous pouvez bloquer l'accès aux escaliers avec ce type de barrière, *mais cela ne vous dispense pas de constamment surveiller bébé.* Les enfants qui apprennent à marcher ne manquent jamais d'imagination quand il s'agit de franchir un obstacle. Pour éviter les chutes graves, ne les perdez jamais de vue, même un court instant.

4 Fixez au mur tous les meubles lourds. Vérifiez que les télévisions et tous les autres appareils électriques sont posés en sécurité et que les petites mains curieuses ne peuvent pas les tirer et les faire tomber.

5 Installez des barrières et/ou des loquets pour empêcher l'enfant de tomber par la fenêtre. Choisissez des loquets faciles à déverrouiller en cas d'urgence.

6 Placez les berceaux et les lits pour enfants à l'écart des fenêtres et des stores. Les enfants curieux adorent jouer avec les poignées et les cordons, alors maintenez-les hors de leur portée pour parer aux risques de strangulation.

7 Rangez les accessoires de cheminée dans un placard sûr. Installez une barrière devant la cheminée pour empêcher l'enfant d'accéder à cette zone. Protégez le foyer avec des couvertures ou investissez dans une barrière rembourrée pour amortir les chutes éventuelles.

8 Verrouillez les placards contenant des produits ménagers, des médicaments et des bouteilles d'alcool ou placez ces produits en hauteur, hors de portée des enfants.

Verrouillez aussi le placard où est rangée la poubelle.

9 Laissez la lunette des toilettes baissée et la porte de salle de bains fermée lorsque vous ne les utilisez pas, afin d'éviter une noyade accidentelle. Cela peut paraître invraisemblable, mais les jeunes enfants sont particulièrement sujets à ce genre d'accident, surtout les bébés capables de se mettre debout à l'aide de points d'appui. Ne laissez jamais un fond d'eau dans un seau ou une bassine.

10 Gardez toujours les couteaux et les allumettes hors de portée des enfants.

11 Utilisez des verrous hors de portée des enfants ou posez une chaîne en hauteur sur vos portes d'entrée, pour qu'ils ne puissent pas sortir seuls de la maison.

Équipement utile pour la maison de papi et mamie

Quand vous recevez vos enfants et vos petits-enfants pour le week-end, vous pouvez faciliter leur déplacement en vous procurant quelques articles de base. Ces équipements constituent un bon investissement, car vous pourrez vous en servir chaque fois que vous recevrez vos petits monstres adorés, pour une nuit ou plus.

Siège auto. Si vous passez prendre toute la famille à l'aéroport ou à la gare, il est plus sûr que vous arriviez avec un siège auto. Vous pouvez l'emprunter ou tout simplement l'acheter, si vous l'utilisez régulièrement. Vérifiez que le siège est adapté à l'âge de l'enfant et correctement installé. Si vos enfants arrivent chez vous en voiture et doivent vous laisser leur bébé à garder, n'oubliez pas de transférer leur siège auto dans votre véhicule.

Lit ou berceau pliant. Ne ressortez pas le vieux berceau poussiéreux relégué à la cave depuis que votre petit dernier a reçu son lit de grand. Il n'est probablement pas aux normes de sécurité actuelles. La plupart des magasins de puériculture vendent des berceaux pliants portables peu onéreux. Pour les plus grands, placez un lit contre un mur et installez des barrières de sécurité.

Transat. Cette sorte de petit siège à bretelles est aussi très pratique pour y poser bébé pendant que vous cuisinez, répondez au téléphone, ouvrez la porte à un visiteur… Beaucoup de transats sont dotés de systèmes vibrants ou musicaux, ou d'une arche de jeux, très pratiques pour distraire bébé ou le calmer en cas de besoin. Vous pouvez aussi vous procurer un tapis de sol, un tapis d'éveil ou, quand bébé grandit, une table d'activités, qui lui permettra de se tenir debout et de jouer en toute sécurité.

Divers articles pour bébé. Couvertures, tétines, couches, lingettes, savon et shampooing pour bébé, cuillères et gobelets pour bébé, siège rehausseur et biberons sont autant d'accessoires très utiles. Demandez aux parents s'ils ont une marque préférée.

Dormir l'esprit tranquille

Alors que pendant des décennies on a préconisé de coucher les bébés sur le ventre, bien emmitouflés sous une couverture, on recommande aujourd'hui de coucher les bébés sur le dos, sans couverture ni oreiller, qui risqueraient de les étouffer dans leur sommeil. En effet, depuis les années 1990, des études ont démontré que coucher les nourrissons sur le dos permet de prévenir le syndrome de mort subite du nourrisson (SMSN). Voici quelques conseils pour que vos petits-enfants dorment dans un environnement aussi sûr que possible.

1 Assurez-vous que le berceau du bébé est conforme aux normes de sécurité : il vous faut un matelas, propre et ferme, et l'écart entre les barreaux doit respecter les recommandations actuelles. En effet, les barreaux des berceaux anciens sont souvent trop écartés et bébé risque de s'y coincer la tête. Vous pouvez acheter un lit pliant.

2 Ne laissez rien (oreillers, couvertures, jouets) qui puisse obstruer la respiration de bébé ou gêner ses mouvements dans la zone de couchage, car les nourrissons sont incapables de détourner la tête en cas d'étouffement.

3 Assurez-vous que bébé n'est pas trop couvert et que la pièce n'est pas surchauffée. Une gigoteuse devrait suffire, en coton léger pour l'été et en laine pour l'hiver.

4 Investissez dans un écoute-bébé. Il existe des modèles simples qui vous permettent d'entendre ce qui se passe dans la chambre pendant que vous vaquez à vos occupations.

À l'heure des comptines

Les enfants aiment qu'on leur raconte ce que faisaient leurs parents quand ils étaient petits, les grands-parents aiment à se souvenir des bons moments passés avec leurs enfants. Pour conjuguer ces plaisirs, pourquoi ne pas leur proposer les comptines que vous chantiez et les jeux auxquels vous jouiez avec leurs parents ? Les comptines qui suivent vous rappelleront sûrement des souvenirs et vous aideront à en inventer d'autres. Pour plus de complicité, vous pouvez agrémenter le tout de mimes, de voix, d'expressions caricaturales ou de mouvements de doigts. Pour cela, suivez les « indications scéniques » fournies avec les comptines.

La chanson du clown

Indications scéniques :

1 Tenez-vous face à l'enfant ou, s'ils sont plusieurs, placez-les en rond. Tout le monde fait les mêmes gestes.

2 Montrez ou mimez les différents accessoires et parties du corps désignés.

3 Quand le clown se gratte, tout le monde se gratte et saute au plafond.

J'ai un gros nez rouge,
Deux traits sous les yeux,
Un chapeau qui bouge,
Un air malicieux,
Deux drôles de savates,
Un grand pantalon,
Et quand je me gratte,
Je saute au plafond !

Un éléphant qui se balançait

Un éléphant qui se balançait
Sur une toile, toile, toile, toile d'araignée
Et il trouvait ce jeu tellement amusant
Qu'il alla chercher un deuxième éléphant.

Deux éléphants qui se balançaient
Sur une toile, toile, toile, toile d'araignée
Et ils trouvaient ce jeu tellement amusant
Qu'ils allèrent chercher un troisième éléphant

Etc.

Dix éléphants qui se balançaient
Sur une toile, toile, toile, toile d'araignée
Et ils trouvaient ce jeu tellement amusant
Que la toile se craqua
Et boum patatras !

Indications scéniques :
C'est très simple. Répétez le couplet autant de fois que vous le souhaitez en ajoutant un éléphant à chaque fois. Au dernier couplet, marquez une courte pause après « la toile se craqua » et laissez-vous tomber comme les éléphants en vous exclamant « boum patatras » !

Petit pouce va se coucher

La nuit est tombée,
Petit pouce dit
Bonsoir à sa maman,
Bonsoir à son papa,
Bonsoir à son grand frère,
Bonsoir au petit bébé
Et hop ! il file se coucher.

Indications scéniques :
Cette comptine parlée est idéale pour établir un rituel du coucher quand ils dorment chez vous.

1 Sur « la nuit est tombée », dessinez deux cercles dans l'espace avec les mains, paumes vers l'enfant, et fermez les poings devant vous, paumes vers le haut.

2 Sur « Petit pouce dit », levez un pouce devant l'enfant pour attirer son attention.

3 Chaque fois qu'il dit bonsoir, le pouce touche un des autres doigts, plusieurs fois : l'index pour sa maman, le majeur pour son papa, l'annulaire pour son grand frère et l'auriculaire pour le petit bébé.

4 Quand il « file se coucher », la main se balade un peu dans les airs en remuant les doigts et disparaît derrière le dos.

À cheval sur mon bidet

À cheval sur mon bidet.
Quand il trotte, il est parfait.
Au pas, au pas, au pas !
Au trot, au trot, au trot !
Au galop, au galop,
au galop !

Indications scéniques :
Vous pouvez chanter cette comptine lorsque vous faites sauter bébé sur vos genoux. Asseyez l'enfant sur vos genoux, tenez-

lui les mains et marquez le rythme indiqué par les paroles (sans jamais le secouer). Essayez aussi cette variante :

À cheval sur mon bidet,
Quand il trotte, il fait
des pets.
Etc.

La danse des légumes

Tous les légumes, au clair de lune,
Étaient en train de s'amuser, hé !
Ils s'amusaient, hé !
Tant qu'ils pouvaient, hé !
Et les passants les regardaient...

Les cornichons tournaient en rond,
Les artichauts sautaient à petits sauts,
Les céleris valsaient sans bruit,
Et les choux-fleurs se dandinaient avec ardeur.

Indications scéniques :
Pour les bébés, vous pouvez vous contenter de mimer les mouvements décrits. Sautez sur place sur chaque « hé ! » et mimez les passants qui regardent. Si vos petits-enfants sont plus âgés :

1 Faites asseoir vos petits-enfants par terre en cercle autour de vous.

2 Associez un légume à chaque enfant ou groupe.

3 Tout le monde chante et, lorsqu'un légume est cité, l'enfant ou le groupe d'enfants auquel il est associé se lève, effectue le pas correspondant : il tournoie, fait des petits sauts, valse avec la personne de son choix ou se dandine et se rassoit.

Les jeux de bébé

Distraire un bébé est une expérience extrêmement gratifiante. Les bébés sont tellement innocents que la moindre interaction avec leur environnement est une occasion pour eux de découvrir de nouvelles choses, de nouveaux sons, de nouvelles odeurs et de s'en imprégner. Ces grands classiques des jeux de bébé vous aideront à vous remémorer comment distraire les tout-petits. Mais surtout, rappelez-vous que le simple fait de marcher en lui parlant, de lui décrire la maison ou la rue et de le prendre sur vos genoux est essentiel pour nouer des liens et s'amuser ensemble.

Coucou !

À partir de 6 mois

La version traditionnelle avec les mains devant le visage a fait ses preuves, évidemment. Mais vous pouvez aussi essayer une de ces variantes avec vos petits-enfants :

- Couvrez les yeux de bébé avec votre main ou une serviette de table, puis découvrez-les en vous exclamant « coucou ! ». (Selon son âge et son tempérament, le bébé préférera peut-être la version originale.)
- Cachez une marionnette derrière votre dos ou derrière bébé et faites-la apparaître en vous exclamant « coucou ! ». Cachez à nouveau la peluche et faites-la réapparaître à différents endroits, pour soutenir l'intérêt de l'enfant.
- Faites la même chose avec sa peluche et sa couverture préférées.

Bébé batteur

Dès que bébé est capable de s'asseoir, soit vers 7 mois

Procurez-vous des cuillères adaptées à bébé de différentes matières : métal, plastique et bois. Donnez une cuillère au bébé et encouragez-le à taper sur diverses surfaces, pour découvrir les différents sons que cela produit. Recommencez l'opération avec les autres cuillères, pour varier les sons. Enfin, installez bébé sur sa chaise haute ou par terre et laissez-le jouer de la batterie avec ses cuillères et des bols ou des tasses en plastique. Prenez garde à ce qu'il ne s'enfonce pas la cuillère dans l'œil.

Sais-tu verser ?

À partir de 9 mois

Les bébés adorent verser, mais ils ont besoin d'entraînement. Faites progresser vos petits-enfants en les laissant se salir un peu. Vous aurez besoin de bols, de pots ou de verres gradués en plastique et de quelque chose à verser (céréales, eau…).

- Versez un peu de céréales pour bébé dans les pots, posez-les devant bébé et encouragez-le à les transvaser d'un récipient à l'autre. Choisissez des céréales qu'il aime, pour qu'il puisse grignoter et jouer en même temps.
- Si vous choisissez de jouer avec de l'eau, mettez bébé en maillot de bain et installez-le dans une baignoire vide. Assurez-vous qu'il est correctement assis et restez constamment avec lui, pour qu'il ne se cogne pas la tête sur les surfaces dures. Confiez-lui les pots et laissez-le verser de l'eau de l'un à l'autre.

Tête, épaules et genoux, pieds

Dès la naissance

Si bébé est très jeune ou n'est pas encore capable de s'asseoir, vous pouvez jouer avec lui en le laissant allongé. S'il sait s'asseoir, asseyez-vous face à lui pour chanter. Ce jeu est encore plus drôle une fois que l'enfant se tient debout !

Chantez :

Tête, épaules et genoux, pieds, genoux, pieds.
Tête, épaules et genoux, pieds, genoux, pieds.
J'ai deux yeux, deux oreilles, une bouche et puis un nez.
Tête, épaules et genoux, pieds, genoux, pieds.

Touchez délicatement la partie du corps de bébé correspondant aux paroles. Si bébé est très jeune, chantez doucement. Sinon, vous pouvez monter d'un ton. Quand l'enfant se tient debout tout seul, encouragez-le à toucher les différentes parties de son corps, en suivant les paroles de la chanson.

Le jeu de la ferme

À partir de 9 mois

Munissez-vous d'un maximum d'animaux de la ferme en plastique. Posez-les par terre, près du bébé. Chantez-lui *la Ferme à Mathurin* en fonction des figurines dont vous disposez. Par exemple :

Dans la ferme à Mathurin, I-A-I-A-O !
Y a des centaines de moutons, I-A-I-A-O !

Y a des bê par-ci, y a des bê par-là,
Ici des bê, par-là des bê, y a des bê-bê-bê

Quand vous citez le nom d'un animal, faites danser la figurine correspondante et tendez-la à bébé. Recommencez avec chaque animal, en imitant son cri. En grandissant, bébé se familiarisera avec les animaux et pourra reconnaître et attraper l'animal que vous citez.

Il est comment, le bébé ?

Dès la naissance

Pour ce jeu, bébé peut être allongé sur le dos, assis ou debout, en fonction de son âge. Demandez avec enthousiasme : « Il est comment, le bébé ? » Puis prenez-lui les mains et levez-les au-dessus de sa tête ou levez vous-même les bras au-dessus de la tête en disant : « Qu'il est graaaand ! » Recommencez autant de fois que vous le souhaitez. Quand l'enfant sera plus âgé, vous pourrez l'encourager à lever lui-même les bras au-dessus de la tête quand vous direz : « Qu'il est graaaand ! ».

Les règles d'or du baby-sitting

Vous serez peut-être angoissé à l'idée d'être entièrement responsable de vos petits-enfants en l'absence de leur parents, surtout si vous habitez loin, que vous n'avez pas l'occasion de les garder très souvent ou si c'est la première fois que vous êtes seul avec vos petits-enfants. Voici quelques conseils pour que tout se passe au mieux.

1 Repérez tous les objets importants avant le départ des parents. Pensez à tout : tétine, doudou, écoute-bébé, peluche préférée. La liste dépend de l'âge de vos petits-enfants.

2 Ayez tous les numéros de téléphone importants sous la main : le pédiatre, et le voisin le plus proche, les portables des parents ou le lieu où les contacter. Vérifiez aussi que vous connaissez les différents numéros des services d'urgence.

3 Préparez-vous aux situations d'urgence. Réfléchissez au moyen le plus rapide de faire sortir les enfants en cas de force majeure. Repérez les extincteurs. Vérifiez où sont rangés les médicaments contre les allergies, ainsi que la lampe de poche ou les bougies et les allumettes, en cas de coupure de courant.

4 Pour les enfants plus âgés, demandez aux parents de fixer l'heure du coucher avant de partir et de clairement la communiquer aux enfants, en votre présence. Ainsi, vous n'aurez pas le sentiment de passer pour les méchants de service. Si vos petits-enfants tentent de vous convaincre de les laisser veiller, ou plutôt « quand » ils tenteront de le

faire, vous pourrez répondre que vous suivez les instructions de papa et maman, ou les laisser veiller 10 à 15 minutes de plus que l'heure prévue.

5 Laissez les parents décider en votre présence si les enfants ont le droit de regarder la télévision ou de jouer aux jeux vidéo, et pendant combien de temps. Là encore, vous pouvez appliquer leurs instructions à la lettre ou accorder quelques minutes de divertissement supplémentaires, dans la mesure du raisonnable.

6 Proposez des activités distrayantes. En fonction de l'âge et de l'humeur de vos petits-enfants, organisez un petit goûter dansant ou un jeu de société. Les jeux tels que Dessinez c'est gagné, Trivial Pursuit, Cluedo, Monopoly, 1 000 bornes et Othello constituent de bons choix et possèdent tous des versions adaptées aux plus jeunes. Vous pouvez aussi opter pour le jeu des 7 familles, la crapette ou encore laisser vos petits-enfants vous enseigner leur jeu de cartes favori. Vous pouvez même miser quelques centimes à chaque partie. Les enfants adorent ça.

7 Avant de mettre les enfants au lit, proposez quelque chose de spécial auquel leurs parents ne les ont probablement pas habitués. Préparez-leur un bol de lait chaud ou offrez-leur une petite sucrerie (en quantité raisonnable et sans chocolat, pour éviter de trop les exciter). Lisez-leur une histoire qu'ils n'ont jamais entendue. Et si vous leur parliez de leurs parents quand ils étaient petits ? C'est l'occasion de créer votre propre rituel du coucher.

Splash ! Plouf ! Ou comment égayer l'heure du bain

Les parents ont souvent trop de choses à faire au quotidien pour s'attarder sur le bain des enfants et s'acquittent souvent de cette tâche de façon conventionnelle et expéditive. Mais en tant que papi ou mamie, vous pouvez faire mieux. En fait, le bain est une excellente occupation pour les journées pluvieuses où vous n'avez rien prévu de particulier.

Pour certains enfants, l'heure du bain est un calvaire. Raison de plus pour faire preuve de créativité. Développez un thème autour des personnages et des histoires préférés de vos petits-enfants : fées, superhéros, soldats, animaux marins... Achetez quelques jouets de bain conformes aux normes de sécurité et au thème choisi et mettez-les de côté en attendant la prochaine visite de vos petits-enfants. Ajoutez quelques doses de colorant alimentaire à votre liste d'achats. Vous voilà prêt à inventer toutes sortes d'aventures aquatiques.

Le boogie-woogie des Bermudes

Ce qu'il vous faut :

- ★ Du colorant alimentaire bleu
- ★ Un lecteur CD portable
- ★ Des jouets de plage en plastique
- ★ Des fleurs en plastique

1 Pendant que l'enfant a le dos tourné, versez quelques gouttes de colorant alimentaire bleu dans l'eau, pendant que la baignoire se remplit. Versez d'abord trois ou quatre gouttes puis ajoutez une goutte à la fois, pour intensifier la couleur.

2 Lancez votre CD de musique tropicale ou hawaïenne préférée, en vous assurant que le lecteur ne risque pas de tomber dans l'eau, le mieux étant de le poser à l'extérieur de la salle de bains, tout simplement.

3 Accrochez les fleurs en plastique autour de la baignoire.

4 Déposez les jouets de plage dans la baignoire. C'est le succès assuré !

Le bain des saltimbanques

Ce qu'il vous faut :

- ★ Des colorants alimentaires bleu et rouge
- ★ Plusieurs anneaux à empiler en plastique de couleur vive
- ★ Des figurines d'animaux du cirque en plastique (éléphants, chevaux, lions, tigres...)
- ★ Un micro en plastique ou un sèche-cheveux

1 Mélangez les colorants pour obtenir une eau de bain violette.

2 Imitez M. Loyal en annonçant au micro que « le plus grand spectacle du monde va bientôt commencer » !

3 Dites à vos petits-enfants de faire sauter les éléphants et les autres animaux à travers les anneaux en plastique pendant que vous les savonnez.

Le bain aquarelle

Ce qu'il vous faut :

- ★ De la crème à raser
- ★ Des colorants alimentaires de différentes couleurs
- ★ Cinq ou six petits bols en plastique

1 Laissez les enfants verser les colorants de leur choix dans l'eau du bain.

2 Versez des noix de crème à raser dans les bols et ajoutez un colorant alimentaire différent dans chaque bol.

3 Laissez vos petits-enfants peindre les parois de la baignoire et les carrelages muraux. Ils s'en donneront à cœur joie.

4 Une fois le bain terminé, laissez-les tout nettoyer avec des gants de toilette savonneux.

L'armée flottante

Ce qu'il vous faut :

- ★ Des colorants alimentaires jaune, vert et rouge
- ★ Des soldats en plastique
- ★ Un tank en plastique ou tout autre véhicule militaire miniature

1 Mélangez les colorants dans l'eau pour lui donner un aspect vaseux.

2 Jetez les soldats en plastique dans l'eau sans rien dire à l'enfant.

3 L'effet de surprise passé, tendez-lui le tank. Il ne voudra plus sortir de son bain !

Le bain dînette

Ce qu'il vous faut :

- ★ Des aliments en plastique (légumes, fruits, hamburgers, gâteaux…)
- ★ Des assiettes et des gobelets en plastique

1 En faisant couler le bain, dites à vos petits-enfants que vous avez décidé d'ouvrir un restaurant avec vue sur la mer.

2 Donnez-leur les aliments en plastique et un couvert chacun, avec une assiette et un gobelet.

3 Laissez-les se servir les uns les autres et remplir leurs gobelets avec l'eau du bain. Mais prenez garde à ce qu'ils ne la boivent pas !

Secret des grands-parents

Mieux vaut généralement laisser papa et maman se charger du bain pendant les premières semaines de bébé, car il ne sait pas encore s'asseoir ni tenir sa tête. Mais prenez les choses en main lorsque la toilette de bébé ne peut pas attendre (vomi, changement de couche impératif…). Utilisez toujours du savon pour bébé (ou un savon très doux, sans parfum ni déodorant) et de l'eau chaude (mais pas brûlante). Quand bébé saura s'asseoir seul (entre six et neuf mois), vous pourrez investir dans un transat, pour qu'il soit bien calé. Vous pourrez alors vous concentrer sur les jeux et le savonnage. Tenez constamment bébé d'une main ferme, pour éviter qu'il glisse sous l'eau ou se blesse.

Faire face aux caprices des tout-petits

Quand vous gardez vos petits-enfants pour la journée ou plus longtemps, il peut arriver qu'un de ces adorables bambins pique une crise de colère incontrôlable. La bonne nouvelle, c'est que vous n'êtes pas le principal représentant de l'autorité dans sa vie. Vous devez être cohérent avec vous-même, joindre l'acte à la parole, mais vous pouvez vous montrer plus indulgent que vous ne l'étiez avec votre propre enfant.

Si vous êtes en public, allez ailleurs. Un simple changement de cadre suffit parfois à calmer les pleurs d'un enfant.

Si vous êtes avec un groupe d'enfants et que vous risquez de gâcher la journée de tout le monde, minimisez la situation qui a engendré le caprice. Si vous avez dit non à la deuxième barre chocolaté, vous feriez peut-être bien de revenir sur votre décision, pour le bien de tous. Vous pouvez céder de temps en temps, même si cela n'a jamais été dans vos habitudes en tant que parent.

Si vous sentez qu'il faut passer au niveau d'autorité supérieur, laissez-le choisir. S'il est contrarié parce que vous lui avez refusé une sucrerie, demandez-lui s'il préfère l'avoir maintenant ou la garder pour plus tard, au dessert. Quel que soit son choix, respectez-le et donnez-lui la sucrerie comme promis.

Quoi qu'il arrive, restez calme. Gardez la tête froide, même si les gens vous dévisagent. Rappelez-vous que la plupart d'entre eux ont aussi des enfants et des petits-enfants et qu'ils ont certainement déjà connu le même genre de situation. Ne montrez pas de signes de colère envers l'enfant, cela ne ferait qu'aggraver les choses et vous vous sentiriez sûrement gêné ou coupable par la suite. Soyez ferme et n'hésitez pas à expliquer aux gens autour de vous que votre petit-fils ou petite-fille a eu une journée difficile. Mais ne faites pas comme si c'était la fin du monde.

Si la crise éclate à la maison, réfléchissez à ce qui l'a provoquée. Est-ce parce qu'il ne veut pas prêter ses jouets ou parce que son grand frère a été méchant et l'a contrarié ? Dans le premier cas, vous pouvez le laisser seul jusqu'à ce qu'il se calme. Dans le second cas, il a peut-être besoin d'être consolé. Vaquez à vos occupations mais ne vous éloignez pas trop. Il ne doit pas se sentir livré à lui-même, et il ne doit pas non plus avoir l'impression qu'il maîtrise son environnement immédiat.

Prévenir les colères : le B.A.-BA

Vous aurez peut-être plus de mal que les parents à éviter les caprices de vos petits-enfants, car vous ne serez pas toujours en mesure d'en anticiper les causes. Pour vous aider, voici quelques stratégies préventives de base :

- Proposez un biscuit ou un petit encas dès les premiers signes de contrariété. La faim peut suffire à déclencher un caprice.
- Si votre petit-fils ou petite-fille commence à s'ennuyer ou à s'agiter, passez à une autre activité ou changez vos projets de sortie pour la journée.
- Essayez de distraire l'enfant avec un jouet ou un livre. Pensez aussi à lancer un CD ou un DVD apaisant, pour permettre à tout le monde de décompresser.
- Racontez-lui les colères de son papa ou de sa maman quand il ou elle avait son âge et n'hésitez pas à broder. Il ne tardera pas à retrouver le sourire !

Imposer un « temps mort moderne »

Quand les parents de vos petits-enfants sont là, laissez-leur toujours l'initiative en matière d'éducation, même si vous avez du mal à rester simple observateur. Ils emploieront peut-être la méthode du temps mort, qui ne correspond pas forcément à l'approche que vous adoptiez avec vos enfants. Le temps mort consiste à écarter physiquement l'enfant de la situation ou du conflit en question et de le faire patienter avant de le laisser reprendre l'activité en cours.

Quand vous êtes seul avec vos petits-enfants, faites de votre mieux pour concilier vos méthodes éducatives et celles de leurs parents. Vous pouvez toujours adapter le temps mort en appliquant la technique, mais en la modifiant un peu. Il s'agit de détourner l'attention de l'enfant de ce qui a provoqué son écart de conduite et de lui faire comprendre que cela vous ne vous a pas échappé.

Demandez aux parents ce qu'ils ont l'habitude de faire lors des temps morts et faites-leur savoir que vous l'adapterez légèrement (une sorte de « temps mort allégé », réservé aux grands-parents !). Vous pouvez éloigner l'enfant de l'émission télé qu'il regarde ou du jeu auquel il joue en l'emmenant marcher quelques minutes ou en vous asseyant dehors avec lui, pendant le temps imparti. Vous pouvez lui demander de vous aider à nettoyer la cuisine après le repas ou à sortir les torchons de la machine à laver. Laissez libre cours à votre imagination.

Si vous décidez tout de même de laisser l'enfant seul pendant le temps mort, assurez-vous que l'endroit où il est consigné est sans danger. Les parents ont probablement un endroit dédié aux temps morts chez eux (le pied de l'escalier ou une chaise particulière, par exemple), mais si vous gardez votre petit-enfant autre part qu'à son domicile, réfléchissez à un endroit où ce dernier pourra être tranquille le temps de se calmer, en toute sécurité. La longueur du temps mort dépend généralement de l'âge de l'enfant : deux minutes pour un enfant de deux ans, trois minutes pour un enfant de trois ans, et ainsi de suite.

À la fin du temps mort, invitez-le chaleureusement à reprendre l'activité d'origine, et félicitez-le chaudement à la première occasion qui se présente pour souligner sa bonne conduite.

Quand frères et sœurs se chamaillent

Si vous avez élevé plusieurs jeunes enfants en même temps, vous vous rappelez sûrement qu'il leur arrivait de se chamailler et vous aviez sûrement quelques techniques bien à vous pour régler leurs différends. Cependant, vous serez peut-être étonné de voir vos petits-enfants, habituellement si doux, si charmants, se battre comme des chiffonniers. Les chamailleries entre frères et sœurs sont quasi inévitables. Même s'ils savent généralement se tenir en votre présence, dès que vous passerez un peu plus de temps avec eux (pendant les vacances ou à l'occasion d'une visite prolongée), ils baisseront leur garde et le naturel reviendra au galop. Révisons ensemble les stratégies de base en cas de conflit.

1 *Admettez que les enfants se chamaillent quand ils s'ennuient.* Raison de plus pour enchaîner les activités structurées, surtout si vous gardez vos petits-enfants pendant plusieurs jours et que leurs parents commencent à leur manquer. Cela ne vous empêche pas de passer un peu de temps à lire ou à regarder un DVD ensemble, mais si vous remarquez que les enfants commencent à s'agiter et à s'asticoter, ayez toujours une activité en réserve à leur proposer : un jeu, une balade, une visite à la bibliothèque ou à la librairie…

2 *Quand les enfants se chamaillent, laissez-leur toujours une chance de résoudre la situation seuls.* Ça marchera peut-être. Mais si le ton continue de monter ou si la dispute dure depuis plusieurs minutes, soyez prêt à intervenir.

3 *Si l'un des enfants prend nettement le dessus, emmenez gentiment le deuxième dans la pièce d'à côté.* Il vous suivra sûrement volontiers, pour sauver la face, et le premier ne protestera pas non plus, car il pensera avoir gagné. Parlez à chaque enfant séparément, pour qu'ils vous expliquent la situation et pour éviter que l'un conteste la version de l'autre. Prenez tout votre temps. Une fois que vous aurez fini de les écouter, peut-être seront-ils déjà calmés.

4 *Si cela ne fonctionne pas, envoyez-les dans deux pièces séparées.* Ce moment passé seul devrait dissiper leur colère. L'un ira dans votre chambre et l'autre au salon, par exemple. Laissez-les lire, dessiner ou même regarder la télévision. L'important, c'est qu'ils aient tous deux accès aux mêmes activités.

5 *Au bout d'un certain temps, réunissez-les, mais ne reparlez pas de leur querelle.* Dans l'idéal, ils seront heureux de se retrouver. Ne faites rien qui puisse leur rappeler leur dispute.

6 *Si la situation devient incontrôlable et que rien n'y fait, prolongez le temps de séparation ou, en dernier ressort, appelez leurs parents pour demander conseil.* Si vos petits-enfants se volent dans les plumes devant vous, vous pouvez être sûr qu'ils font pareil chez eux. Leurs parents sauront sûrement quoi faire.

Paroles de grands-parents

QU'AURIEZ-VOUS AIMÉ QU'ON VOUS DISE AVANT LA NAISSANCE DE VOS PETITS-ENFANTS ?

“Aimez-les, tout simplement, et gardez-les dès que vous en avez l'occasion.”

Jeanne, 1 petite-fille

“Préparez-vous mentalement et émotionnellement au flot d'amour et d'affection que vous allez leur donner, comme s'il s'agissait de vos propres enfants.”

Victor, 3 petits-enfants

“Que le temps passé avec eux est plus précieux que tous les cadeaux du monde.”

Bernadette, 3 petits-enfants

“Sécurisez votre maison et détendez-vous !”

Marguerite, 3 petits-enfants

“Laissez-les découvrir de nouvelles activités et mieux vaut commettre de petites erreurs tout en apprenant que toujours vouloir avoir raison et être parfait.”

Bernard, 1 petit-fils

“Qu'ils seraient comme des aimants et que j'aurais constamment envie d'être avec eux !”

Nadia, 5 petits-enfants

“Que les souvenirs sont plus importants que les choses. Les souvenirs des activités réalisées ensemble resteront à jamais. La plupart des cadeaux ne durent pas ou tombent rapidement aux oubliettes.”

Nathalie, 4 petits-enfants

“Rappelez-vous que vous n’êtes pas leurs parents. Ne sapez pas leur autorité.”

Henriette, 4 petits-enfants

“Encouragez les parents et soutenez-les.”

Robert, 3 petits-enfants

“Soyez prêts à donner tout votre amour et votre soutien à cet enfant. Vous avez de quoi être fiers : il est votre plus grande source de joie sur Terre.”

Diane, 4 petits-enfants

“Aimez-les à chaque instant, mais n’ayez pas peur de leur rappeler les bonnes manières quand ils sont sous votre garde. Préparez-leur plein de biscuits maison.”

Jamila, 5 petits-enfants

“Conservez les jouets de vos enfants pour que vos petits-enfants puissent les voir et s’amuser avec les jouets de leurs parents.”

Jeannette, 1 petite-fille

“Rappelez-vous : vous avez élevé vos enfants. Laissez-les élever les leurs !”

Julie, 12 petits-enfants

2

Jeux et activités d'intérieur et d'extérieur

La transition de parents à grands-parents implique de nouvelles fonctions. Bien sûr, vous devrez toujours vous assurer que les enfants sont en sécurité, bien au chaud et bien nourris, mais à présent, votre principal objectif sera de *passer de bons moments* avec ces adorables garnements !

Que vous habitiez un petit appartement ou une immense maison avec jardin, il y a des tonnes de choses à faire avec vos petits-enfants, aussi bien dedans que dehors. Les pages qui suivent regorgent d'idées d'activités que vous pourrez adapter à l'espace dont vous disposez. La course de relais olympique dans le jardin peut facilement être transposée au parc et vous pouvez organiser une chasse au trésor plus ou moins étendue, selon que vous jouez dedans ou dehors. Vous pouvez planter un jardin de fées ou de lutins dans un coin de votre terrain ou dans des pots de fleurs, tout simplement. Enfin, vos petits-enfants seront heureux de constater qu'on peut trouver des trèfles à quatre feuilles dans n'importe quel espace vert, aussi bien au parc que dans un jardin privé.

Si vous vous demandez comment agrémenter un trajet en voiture, que faire les jours de pluie ou encore comment vous transformer en pirates le temps d'un après-midi, ce chapitre est pour vous. Les idées qu'il recèle guideront vos premiers pas vers des moments inoubliables en compagnie de vos petits-enfants, tout en vous initiant aux aspects pratiques des jeux en famille.

Les jeux Olympiques de jardin

Que ce soit une année sans ou que les jeux Olympiques d'hiver ou d'été battent leur plein, vous pouvez proposer à vos petits-enfants d'allier sport et détente, en organisant vos propres épreuves en extérieur. C'est un excellent moyen de s'oxygéner et quel enfant peut résister à l'idée de remporter une médaille d'or ? À la fin de la compétition, procédez à la remise des médailles et servez des plats typiques du pays organisateur. La fabrication des médailles et de la torche olympique est tout aussi exaltante que la préparation aux épreuves. N'importe quel jeu peut constituer une épreuve, à condition qu'il permette de clairement départager l'or, l'argent et le bronze. Voici quelques suggestions pour vous mettre sur la voie.

Les médailles

Ce qu'il vous faut :

- ★ Des petits moules à gâteau individuels en papier doré, argenté et bronze (un par médaille)
- ★ Du papier à dessin bleu, blanc et rouge (deux feuilles de chaque couleur)
- ★ De la colle
- ★ Des feutres de plusieurs couleurs
- ★ Du ruban rouge ou bleu assez long pour passer la médaille autour du cou des enfants
- ★ Une agrafeuse

1 Aplatissez les moules à gâteau, face colorée vers le haut, pour former la base des médailles.

2 Découpez des disques dans le papier du même diamètre que le fond des moules. Faites donc en sorte que les disques en papier laissent apparaître les bords.

3 Dessinez des chiffres (*1er*, *2e*, *3e*) ou des mots (*Or, Argent, Bronze*) sur les disques de papier.

4 Collez les disques au centre des moules à gâteau.

5 Agrafez les extrémités d'un morceau de ruban au sommet de chaque médaille.

La torche olympique

Ce qu'il vous faut :

- ★ Une feuille A3 de papier à dessin noir
- ★ Du papier de soie jaune, orange et rouge (deux feuilles de chaque couleur)
- ★ Du scotch ou de la colle

1 Formez un cône dans le papier noir et maintenez-le avec un morceau de scotch ou de la colle.

2 Placez les feuilles de papier de soie jaune, orange et rouge à l'intérieur du cône, pour imiter les flammes.

3 Laissez les enfants tenir la torche à tour de rôle tandis qu'ils défilent en direction du parc ou dans le jardin.

Le relais-papier

1 Divisez le groupe d'enfants en deux équipes égales et attribuez une couleur à chacune, l'équipe rouge et l'équipe bleue, par exemple.

2 Marquez les lignes de départ et d'arrivée à l'aide de cordes ou de bâtons ; la distance entre les deux dépendra de l'espace disponible et des capacités physiques des enfants.

3 Donnez au premier joueur de chaque équipe deux feuilles de papier A4 de même couleur : deux feuilles rouges pour l'équipe rouge et deux bleues pour l'équipe bleue.

4 Les joueurs s'alignent au départ et leurs coéquipiers se mettent en file indienne derrière eux. À votre signal, le premier joueur de chaque équipe pose une feuille devant lui et fait un pas en avant pour se placer dessus. Il pose ensuite la seconde devant lui, fait un pas en avant et se baisse pour ramasser la première. Il continue ainsi de suite jusqu'à la ligne d'arrivée puis fait demi-tour et regagne la ligne de départ de la même manière.

5 De retour à la ligne de départ, le premier joueur tape dans la main du suivant, qui doit à son tour atteindre la ligne d'arrivée et revenir.

6 La première équipe dont tous les joueurs sont revenus au départ a gagné. L'autre équipe remporte la médaille d'argent.

Remarque

Cette course de relais est aussi envisageable avec deux joueurs. Le premier qui revient à la ligne de départ est vainqueur.

Dedans ou dehors ?

1 Posez un grand drap de bain ou une nappe de pique-nique par terre et demandez à tous les participants de se placer dans la zone ainsi délimitée.

2 Vous serez le « maître du jeu », mais les participants devront faire l'inverse de ce que vous direz. Quand vous crierez « Dehors ! », ils devront rester dans la zone. Quand vous crierez « Dedans ! », ils devront sortir de la zone en se plaçant à côté de la nappe ou du drap de bain. Les joueurs doivent vous écouter attentivement, afin de savoir ce qu'il ne faut pas faire pour rester dans le jeu.

3 Les joueurs qui se trompent sont éliminés et le dernier enfant qui reste en jeu obtient la médaille d'or.

La course au pop-corn

1 Marquez les lignes de départ et d'arrivée à l'aide de cordes ou de bâtons.

2 Donnez à chaque joueur une assiette en carton avec six grains de pop-corn.

3 Les participants se placent sur la ligne de départ en tenant leur assiette devant eux. Le but est d'atteindre la ligne d'arrivée et de revenir au départ en premier, sans laisser un seul grain de pop-corn s'envoler.

Le roulé-boulé fruité

1 Confiez un fruit rond et un crayon à chaque joueur. Choisissez un fruit pas trop fragile et qui roule bien. Les pommes et les oranges sont les mieux adaptées à ce jeu.

2 Marquez les lignes de départ et d'arrivée à l'aide de cordes ou de bâtons : la distance entre les deux dépendra là encore de l'espace disponible et des capacités physiques des enfants.

3 Chaque joueur au départ pose son fruit sur la ligne.

4 À votre signal, ils doivent utiliser leur crayon pour faire rouler le fruit jusqu'à la ligne d'arrivée et revenir. Le vainqueur est celui qui rejoint la ligne de départ en premier.

Remarque importante

Les joueurs ne peuvent se servir que du crayon pour faire rouler leur fruit. L'usage des mains ou des pieds entraîne une disqualification immédiate ! S'il n'y a pas assez d'espace pour faire jouer tous les enfants en même temps, vous pouvez transformer cette course en relais.

Les habits de papi

1 Fouillez vos placards et préparez un sac de vieux vêtements et d'accessoires. Choisissez des pantoufles, des chapeaux, des écharpes et des cravates que vous ne mettez plus.

2 Répartissez les vêtements entre les joueurs, de sorte qu'ils aient tous le même nombre d'articles.

3 Marquez les lignes de départ et d'arrivée à l'aide des cravates ou des écharpes non utilisées.

4 À votre signal, les joueurs doivent enfiler tous les habits qu'ils ont reçus, courir jusqu'à la ligne d'arrivée et revenir sans rien perdre en route. Si un joueur perd un accessoire, il doit retourner au départ et recommencer.

5 Le premier qui atteint la ligne d'arrivée et revient au départ est proclamé vainqueur.

Remarque

Ce jeu peut également se jouer en équipes : quand un joueur revient à la ligne de départ, il passe ses habits à son coéquipier, qui doit à son tour les enfiler et faire un aller-retour. La première équipe dont tous les joueurs sont revenus au départ sans perdre d'accessoire a gagné.

Guide pratique du camping d'intérieur

Il est vrai que le grand air, le chant des oiseaux et le doux murmure du ruisseau ajoutent au charme du camping, mais même si vous n'êtes pas en mesure de vous aventurer dans les bois, cela ne doit pas vous empêcher de camper avec vos petits-enfants… *à l'intérieur*. Vous n'aurez besoin que de sacs de couchage, de lampes de poche et de quoi préparer de délicieuses gourmandises comme des *s'mores* (prononcez « smorz »), une spécialité américaine de plus en prisée en France, qui se déguste traditionnellement autour du feu de camp. Que vous montiez le campement pour la nuit ou par un après-midi pluvieux, c'est une expérience très amusante pour les enfants.

Si vous avez une tente qui peut facilement s'installer au milieu du salon, montez-la. Sinon, il suffit de pousser les meubles et de donner un sac de couchage et une lampe de poche à chacun. Vous pouvez également fabriquer votre propre tente avec votre mobilier et des couvertures ou des draps : déployez une pièce de tissu d'une chaise ou d'un fauteuil à l'autre pour obtenir une toile parfaitement tendue. Éteignez les lumières et laissez les enfants s'amuser, se glisser dans leur sac de couchage et en ressortir, ramper et jouer avec leur lampe de poche. Disposez les sacs de couchage en cercle, autour d'un feu de camp imaginaire : place aux histoires qui font frémir…

Les histoires de fantômes

Choisissez bien le ton de votre récit, en fonction de l'âge de vos petits-enfants. Il peut être aussi palpitant ou aussi comique que le groupe le souhaite, mais prenez garde à ne pas trop effrayer les plus jeunes.

1 Commencez par situer l'histoire et les personnages en quelques phrases : *C'était un soir. Jean, Max et Lou campaient au fin fond de la forêt quand quelque chose s'approcha de leur tente. Le bruit leur rappela la fois où des chiens errants avaient essayé de fouiller leurs poubelles à la maison. Ils se blottirent les uns contre les autres quand tout à coup… plus rien. Le silence était revenu. Max était sur le point de sortir de la tente pour voir ce qui se passait, mais juste à ce moment-là…*

2 Laissez l'enfant assis à votre droite inventer la suite de l'histoire.

3 Lorsqu'il a terminé sa partie, l'enfant assis à sa droite prend le relais.

4 Continuez ainsi jusqu'à ce que tout le monde ait apporté sa contribution à l'histoire. Concluez avec le traditionnel « Fin de l'histoire ».

Les *s'mores*, version simplifiée

Ce qu'il vous faut (pour 20 à 24 s'mores) :

- ★ 1 boîte de Graham Crackers (ou des biscuits rectangulaires nature)
- ★ 1 sachet de guimauves
- ★ 4 à 5 tablettes de chocolat au lait
- ★ 1 plaque à pâtisserie

1 Préchauffez le four en mode gril. Ne laissez surtout pas les enfants approcher du four.

2 Cassez les biscuits en deux, pour former des carrés, et disposez-en la moitié en rangées régulières sur la plaque. Si vous aimez le chocolat fondu, posez un carré de chocolat sur chaque morceau de biscuit, surmonté d'une guimauve. Pour une recette plus authentique, contentez-vous de la guimauve.

3 Glissez la plaque dans le four près du gril. Attention : les guimauves brunissent en quelques secondes. Ne les laissez pas brûler !

4 Sortez la plaque du four.

5 Si vous avez déjà ajouté les carrés de chocolat, couvrez chaque *s'more* avec un autre carré de biscuit. Sinon, posez un carré de chocolat sur la guimauve encore chaude et couvrez le tout avec un carré de biscuit.

6 Laissez refroidir les *s'mores* avant de les disposer sur une assiette. Si vous n'avez pas peur des miettes, laissez les enfants les déguster par terre, dans leur sac de couchage.

Organiser une chasse au trésor

Vos petits-enfants aiment sûrement les défis et, comme tous les enfants, ils adorent partir à la recherche de trésors cachés. Si vous avez un après-midi libre ou même une heure avant le dîner, organisez une chasse au trésor pour passer le temps. Elle peut se dérouler à l'intérieur ou à l'extérieur, selon la météo et l'âge des enfants. Vous pouvez préparer une liste pour l'intérieur et une pour l'extérieur, au cas où. Pour une chasse au trésor en extérieur, sollicitez vos voisins : demandez-leur de cacher des objets chez eux.

1 Dressez une longue liste d'objets à trouver (voir la proposition de liste à la page suivante) : pomme de pin, vieille poupée, masque de Halloween… et quand vous les cachez, rappelez-vous simplement que les enfants ne doivent pas se mettre en danger pendant le jeu (évitez qu'ils aient à monter sur une chaise pour les attraper, par exemple) et que tous les objets doivent pouvoir être trouvés.

2 Formez deux équipes égales ou, s'il n'y a pas assez d'enfants, laissez-les partir chacun de leur côté. Donnez un sac à chacun, pour y ranger les objets trouvés.

3 Définissez clairement les limites du terrain de jeu : les enfants ont-ils le droit de quitter la maison ? le jardin ? le quartier ? Précisez bien que celui qui franchira ces limites sera automatiquement disqualifié. Indiquez-leur aussi si les membres de l'équipe doivent toujours rester ensemble ou s'ils peuvent se séparer, pour gagner du temps.

4 Alignez les participants, sac en main, pour que tout le monde parte en même temps. Dites-leur bien que vous restez dans les parages s'ils ont des questions et donnez-leur une heure et un point de rendez-vous précis. Chaque joueur ou chaque équipe aura besoin d'une montre, pour savoir combien de temps il lui reste.

5 Quand tous les participants sont de retour au point de rendez-vous, faites l'inventaire de chaque sac, pour voir ce que les enfants ont rapporté. Additionnez leurs points (un point par objet trouvé) et désignez l'équipe ou le joueur vainqueur.

Faites durer le plaisir :

Laissez l'honneur au vainqueur de choisir un petit cadeau ou le prochain jeu. Quel que soit son choix, faites en sorte que le ou les perdants participent aussi. Si les vainqueurs souhaitent continuer la chasse au trésor, laissez les enfants dresser une liste d'objets que vous devrez trouver à votre tour.

Quelques idées d'objets à trouver :

- ★ Une pierre brillante
- ★ Un coton-tige
- ★ Une feuille de couleur
- ★ Un pion
- ★ Une paire de chaussettes
- ★ Leur DVD préféré
- ★ Une carte à jouer
- ★ Un fruit
- ★ Un poème écrit à la main par vous-même et adressé à vos petits-enfants

Survivre aux trajets en voiture : cinq méthodes infaillibles

Vous aurez probablement l'occasion un jour de partir en voiture avec vos petits-enfants, que ce soit pour les raccompagner chez eux ou pour une excursion dans la nature. Si le trajet dure plus de deux heures, investissez dans un lecteur DVD portable et quelques-uns de leurs DVD préférés. Ne culpabilisez pas. Vos petits-enfants seront ravis et, même s'ils regardent deux films, vous aurez encore des heures à partager en voiture. Voici quelques idées supplémentaires pour vous aider à passer le temps, avant que la lassitude s'installe.

1. Le jeu des plaques d'immatriculation. Bien que le chiffre du département ne soit plus obligatoire sur les plaques d'immatriculation françaises, beaucoup de voitures en possèdent encore un, et trouver les noms des départements correspondants est un bon moyen de passer le temps. Les enfants peuvent aussi repérer toutes les plaques présentant une suite de chiffres consécutifs de 1 à 999. Si vous voyagez à l'étranger, vous pouvez aussi chercher des suites alphabétiques. Évidemment, certaines plaques d'immatriculation seront plus difficiles à trouver que d'autres. Pour ne pas perdre le fil, les enfants peuvent tenir la liste des plaques qu'ils ont repérées.

2. Jeux d'observation. Ce sont des jeux très simples que l'on peut baser sur toutes sortes d'indices : lettres, couleurs, emplacement… Un joueur commence en disant : « Je vois, non loin de moi, quelque chose qui commence par B » ou « quelque chose par terre » ou « quelque chose de rouge ». La première personne qui devine la réponse choisit le prochain objet à identifier et donne son indice. Vous pouvez adapter la règle pour en faire un jeu de comptage, où chaque enfant essaie d'être le premier à donner le nombre de vaches, de camions rouges, de voitures vertes ou de cabines de péage dans son champ de vision. Celui qui en voit le plus a le droit de choisir le prochain jeu.

3. Qui suis-je ? C'est une adaptation du jeu des vingt questions. Un enfant note des noms de personnalités célèbres ou de membres de la famille sur des bouts de papier et les met dans un chapeau ou un bol en plastique. Les personnes choisies doivent être assez connues pour que tout le monde dans la voiture puisse les identifier. Le plus jeune passager a le droit d'incarner le « personnage mystère » en premier. Il tire un papier au hasard, mais n'a pas le droit de le regarder. Tous les autres joueurs lisent le nom indiqué. Le « personnage mystère » doit deviner son identité en posant des questions auxquelles les autres répondent par oui ou par non. « Suis-je un homme ? » « Sommes-nous de la même famille ? » « Est-ce que je fais du cinéma ? » Le principe est simple. Une fois que l'enfant a deviné qui il incarnait, le jeu continue et le deuxième plus jeune passager devient le « personnage mystère ».

4. Le jeu de l'âge. Chaque participant donne son âge à voix haute. Le plus jeune enfant est le centre d'attention du premier tour : s'il a six ans, les autres joueurs doivent citer à tour de rôle six choses qu'ils apprécient chez lui. Les joueurs ont le droit de répéter ce que les autres ont dit. Lorsque vous abordez les nombres à deux chiffres, tous les participants peuvent se concerter pour trouver tout ce qu'ils apprécient chez la personne concernée. Quel plaisir d'entendre les soixante-deux choses que vos petits-enfants préfèrent chez vous !

5. Le roi du silence. C'est un grand classique que vous devriez réserver pour la fin du voyage, quand tout le monde commence à s'impatienter et que vous ne supportez plus le vacarme. Mettez vos petits-enfants au défi de rester silencieux aussi longtemps qu'ils le peuvent : interdiction de parler, de grogner ou de gémir. Le moindre soupir entraîne une disqualification immédiate. L'enfant qui tient le plus longtemps sans faire de bruit aura droit au cadeau de son choix à la prochaine pause-pipi.

Secret des grands-parents

Après un long voyage en voiture avec vos petits-enfants, nous vous suggérons de leur lire *Le Royaume fantôme* de Norton Juster (Hachette Jeunesse). Cet ouvrage raconte l'histoire d'un garçon qui part seul en voyage. Son parcours sera placé sous le signe de l'aventure et des jeux de mots et il en tirera plusieurs leçons. C'est un livre qui plaît autant aux enfants qu'aux grands-parents.

Organiser sa propre course hippique

Chaque année, les amateurs de courses hippiques du monde entier attendent le premier dimanche d'octobre avec impatience, pour assister au prix de l'Arc de triomphe, la plus grande épreuve internationale de plat, réservée aux pur-sang. Les chevaux et leurs jockeys rivalisent pour inscrire leur nom dans la légende, aux côtés de Ribot, Sea Bird, Allez France, Peintre Célèbre, Dancing Brave et autres nobles vainqueurs. L'événement a lieu tous les ans à l'hippodrome de Longchamp, à Paris, mais même si vous n'avez pas de billet, il serait dommage de ne pas laisser vos petits-enfants goûter à la fièvre des courses. Voici comment confectionner des casaques de jockey et des montures plus vraies que nature.

1 Les enfants choisissent le nom de leur cheval. Le code du galop interdit les noms de chevaux de plus de dix-huit caractères, ponctuation et espaces compris. Hormis cette règle, les enfants peuvent laisser libre cours à leur imagination.

2 Les enfants créent leur casaque. Ce sont généralement des vêtements de couleur vive ornés de rayures, de pois, d'étoiles ou de tout autre motif voyant. Donnez une feuille de papier et des feutres de couleur à chaque enfant et laissez-les faire. Fixez délicatement le dessin sur leur tee-shirt, comme un dossard, à l'aide d'épingles de nourrice.

3 Aidez les enfants à se fabriquer un cheval de course.

Ce qu'il vous faut pour chaque cheval :

- ★ Un manche à balai
- ★ Une grande chaussette de sport blanche
- ★ Un morceau de velours marron
- ★ Une bobine de ficelle marron
- ★ Deux yeux en plastique
- ★ Des feutres de différentes couleurs
- ★ De la colle liquide ou un pistolet à colle
- ★ Du papier journal ou de la fibre de rembourrage
- ★ Un rouleau de scotch résistant

1 Réunissez tout le matériel nécessaire.

2 Rembourrez la chaussette de sport pour former la tête, puis enfilez-la sur le manche à balai et fixez-la avec du scotch.

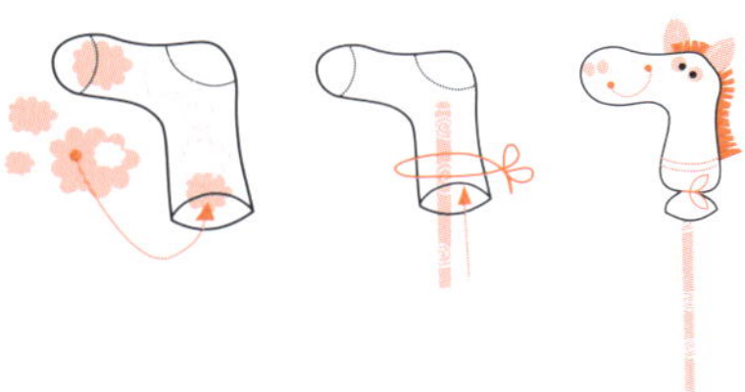

3 Découpez deux oreilles et une crinière dans le

morceau de velours : découpez deux pièces ovales et quelques franges le long d'un côté. Collez les morceaux de velours sur la chaussette à l'aide de la colle liquide (cela nécessite un temps de séchage) ou d'un pistolet à colle (cette colle sèche plus vite et tient bien, mais le collage doit être fait par un adulte). Collez les yeux ou dessinez-les au feutre, ainsi que la bouche et les naseaux, puis enroulez un morceau de ficelle autour du museau du cheval et faites un nœud. Ensuite, déroulez un long morceau de ficelle et faites un nœud sur le manche à balai, en guise de bride.

4 Préparez la piste. Si vous avez un grand jardin, vous pouvez en faire un hippodrome où les enfants pourront courir en rond. Sinon, cherchez un parc ou une piste assez vaste pour y organiser la course. N'oubliez pas de marquer clairement les lignes de départ et d'arrivée.

5 Rassemblez les enfants et leurs fidèles destriers sur la ligne de départ. À votre signal, tous les enfants partent en courant autour de la piste, à califourchon sur leur cheval.

Imitez le ton enflammé des commentateurs hippiques :
« Sea Bird s'est fait rembarrer en sortant de sa stalle. »
« Ribot et Allez France sont au coude à coude à l'entrée du virage. »
« Et Peintre Célèbre prend la tête dans la dernière ligne droite. »
Apportez des fleurs, que vous offrirez au vainqueur après la course, dans le cercle des vainqueurs.

Cocktails rafraîchissants à la menthe

Après un tel événement hippique, il est normal de porter un toast. Bien que vous soyez peut-être un amateur de boissons corsées, voici une version non-alcoolisée pour les enfants.

Ce qu'il vous faut, pour 6 verres :

- ★ 24 feuilles de menthe
- ★ Deux ou trois canettes de boisson au cola ou de thé
- ★ 1 citron coupé en rondelles
- ★ Des glaçons
- ★ Du sirop nature
- ★ Des gobelets en plastique transparent et des pailles.

1 Placez 4 feuilles de menthe dans chaque gobelet. Versez du cola ou du thé et un peu de sirop.

2 Ajoutez les glaçons et décorez chaque gobelet avec une rondelle de citron et une paille.

Secret des grands-parents

Si vos petits-enfants partagent votre passion pour les courses hippiques, suivez les grandes courses à la télévision avec eux. Vous pouvez aussi louer des films sur le thème du cheval, tels que *Pur-sang, la légende de Seabiscuit*, et lire des livres comme *Mon amie Flicka* de Mary O'Hara (Gallimard Jeunesse) ou *À cheval dans la steppe* de Michel Cosem (Syros).

La chasse aux trèfles à 4 feuilles

La chasse aux trèfles à quatre feuilles est une activité très plaisante, idéale pour prendre l'air. Emmenez les enfants sur la pelouse de votre jardin ou au parc, là où vous êtes sûr de trouver un maximum de trèfles. Il existe une multitude d'histoires et de croyances autour du trèfle à quatre feuilles. Faites une recherche sur Internet avec les enfants avant de partir en excursion. Préparez les enfants à l'idée qu'ils ne trouveront peut-être pas de trèfle à quatre feuilles. En effet, on ne compte en moyenne qu'un trèfle à quatre feuilles pour dix mille trèfles à trois feuilles.

Donnez aux enfants une loupe, une lampe de poche, pour y voir plus clair parmi toutes ces petites feuilles, et une enveloppe, pour ranger leurs précieux porte-bonheur. N'oubliez pas d'emporter un lot de consolation, au cas où ils rentreraient bredouilles.

1 Localisez un carré d'herbe avec des trèfles et assignez une zone à chaque enfant.

2 Dites aux enfants de passer ce coin d'herbe au peigne fin.

3 Une fois qu'ils ont bien inspecté le premier carré d'herbe, passez au suivant. Faites des pauses de temps en temps.

4 Dès que quelqu'un trouve un trèfle à quatre feuilles, c'est la chance assurée pour vous et vos petits-enfants. De retour à la maison, protégez le précieux trèfle sous une feuille de papier sulfurisé et pressez-le entre les pages d'un gros livre.

La sardine et la pince à linge

Voici quelques jeux simples et sans gros enjeu, auxquels vos petits-enfants peuvent jouer avec vous ou même seuls, pendant que vous préparez le repas, en fonction de leur âge. Vérifiez que la zone de jeu ne présente aucun danger, que les enfants ne risquent pas d'aller se cacher dans un congélateur ou un coffre vide, de faire tomber des meubles sur eux ou tout simplement de se cogner. Indiquez-leur clairement les pièces où ils ne peuvent pas jouer.

N'excluez pas les versions traditionnelles du jeu de cache-cache et du bon vieux jeu du loup. C'est tout bête mais parfois une suggestion simple suffit à lancer tout un après-midi de jeux.

La sardine

Le principe est celui du jeu de cache-cache, mais inversé.

1 Un enfant se cache tandis que les autres joueurs se séparent et partent à sa recherche.

2 Quand quelqu'un trouve l'enfant caché, il doit le rejoindre dans sa cachette, sans que les autres soient au courant. Si vous trouvez la cachette mais que d'autres joueurs sont dans les parages, revenez plus tard, quand il n'y aura plus personne.

3 Au bout d'un moment, tous les joueurs finissent entassés dans la même cachette, sauf un. C'est maintenant à lui de se cacher, et une nouvelle partie peut commencer.

La pince à linge

1 Au départ, tous les joueurs ont cinq pinces à linge accrochées dans le dos. Le but est de s'approcher des autres joueurs pour leur voler une pince à linge.

2 Quand un joueur réussit à prendre la pince à linge d'un autre, il s'agenouille et se l'accroche dans le dos. Remarque : quand un joueur est à genoux pour accrocher une pince à linge, les autres n'ont pas le droit de lui voler ses pinces. Quand il est prêt, le joueur se relève et reprend la partie.

3 Le vainqueur est celui qui a le plus de pinces à linge. Mais attention : la fin du jeu n'est pas clairement définie ! Même si un joueur perd toutes ses pinces à linge, il peut toujours essayer de se refaire en volant celles des autres. Si vous devez interrompre la partie, prévenez les enfants cinq minutes à l'avance, pour qu'ils ne soient pas pris au dépourvu.

Pirates d'un jour

L'engouement pour les histoires de pirates et les déguisements est un passage obligé pour beaucoup d'enfants. Qui n'a jamais rêvé de prendre le large et de dompter les océans, à la recherche de trésors engloutis ? Si c'est le cas de vos petits-enfants, profitez d'un après-midi pluvieux pour hisser les voiles. Avec quelques accessoires simples, fabriquez des costumes, une carte au trésor et mettez-vous en quête du précieux butin.

Entrer dans la peau du personnage

Ce qu'il vous faut :

- Un carré de velours sombre ou de papier à dessin noir
- Une perforatrice
- Une pelote de fil de couleur sombre
- Écharpes, bandanas et maillots de corps

1 Découpez des cache-œil dans le carré de velours ou dans le papier noir.

2 Percez deux petits trous dans chaque cache-œil et passez-y le fil pour pouvoir les fixer sur les têtes des enfants… et sur la vôtre.

3 Fouillez vos placards à la recherche de vieux débardeurs. À défaut, coupez les manches d'un vieux tee-shirt noir. Nouez des bandanas et des foulards autour de vos têtes, comme des pirates.

L'habit ne fait pas le pirate

À présent, votre petit(e) pirate a déjà plus d'allure. Mais au-delà du déguisement, le surnom est essentiel pour éveiller le pirate qui sommeille en nous. Notez dix expressions pirates, par exemple Le Boiteux, Hisse et ho, Barbe Noire, Cap'taine, Tête de Mort, Crochet, Dent de Requin, Poudre à Canon, Bob le Borgne, Jim la Crasse, Boucanier, Pavillon Noir et les Sept Mers, sur des petits morceaux de papier (un par expression) et répartissez-les en nombre égal dans deux chapeaux. Demandez à l'enfant de tirer un papier de chaque chapeau afin de composer son nom de pirate. Vous obtiendrez des combinaisons très amusantes. Comment garder son sérieux face à « Jim la Crasse des Sept Mers » ? N'oubliez pas de vous trouver un nom, vous aussi.

Fabriquer une carte au trésor

Ce qu'il vous faut :

- ★ Une théière de thé noir infusé
- ★ Une feuille de papier à dessin blanc
- ★ Des feutres de couleur

1 Faites infuser du thé noir corsé et laissez refroidir.

2 Couvrez votre plan de travail dans la cuisine de papier journal, pour parer à une éventuelle inondation.

3 Dites à votre petit-fils ou petite-fille de déchirer les bords de la feuille de papier blanc, de tremper le papier dans le thé et de le chiffonner, pour lui donner un aspect parcheminé.

4 Posez la feuille à plat et laissez-la sécher.

5 Dessinez ensuite une carte indiquant l'emplacement du trésor, avec des indices et une rose des vents. Cette carte évoquera immédiatement la grande époque des flibustiers. C'est le souvenir idéal pour une journée riche en rebondissements !

À nous le magot !

La fabrication de cette carte donnera envie à votre pirate en herbe de partir en quête du magot. Activité très simple à mettre en œuvre.

1 Notez vos indices. Choisissez des lieux que l'enfant pourra facilement identifier : où se trouve la coquerie, où les

pirates avalent-ils leur pitance ? Dans la cuisine. Où les pirates font-ils des vagues ? Dans la baignoire. Où les pirates rechargent-ils leurs batteries ? Dans leur lit.

2 Donnez le premier indice à l'enfant et allez cacher l'indice suivant à l'endroit indiqué par le premier indice. Ayez toujours deux ou trois indices d'avance sur l'enfant.

3 S'il sait lire, codez le dernier indice : inventez un code de substitution simple et notez la clé du code. Remplacez par exemple les lettres de l'alphabet par d'autres symboles : A devient 4 ou G devient blanc. Déposez l'indice codé et la clé du code à l'endroit où l'enfant est censé les trouver, soit l'avant-dernière cachette.

4 Pensez à placer un vrai trésor au bout du parcours : quelques pièces de monnaie étincelantes, des bonbons ou des petits bijoux fantaisie… feront l'affaire.

Concoctez un grog maison !

Un bon pirate ne part jamais à l'aventure sans son grog. Traditionnellement, le grog se composait d'un peu d'eau et de rhum additionnés de jus de citron vert. Rien ne vous empêche de créer votre propre décoction, adaptée aux enfants, en mélangeant six volumes d'eau froide, un volume de jus de citron vert et un volume de sucre blanc. Vous obtiendrez ainsi une authentique limonade d'écumeur des mers !

Créer des jardins de fées et de lutins

Les enfants adorent les lieux magiques évoqués dans les livres et les films, mais les idées les plus imaginatives viennent souvent des enfants eux-mêmes et les grands-parents sont des partenaires privilégiés, avec qui ils peuvent laisser libre cours à leur imagination. La création d'un « vrai » jardin de fées ou de lutins est le projet idéal autour duquel vous pourrez réfléchir et travailler ensemble. Ces jardins sont tout simplement des univers miniatures, habités par des créatures fantastiques nées dans l'esprit et l'imagination de vos petits-enfants, mais qui prendront corps dans votre cour ou votre jardin. Ces créatures peuvent être aussi complexes ou aussi simples que l'enfant le souhaite.

En général, les filles préfèrent les jardins de fées et les garçons, les jardins de lutins, mais il n'y a pas de règle établie. Quoi que l'enfant choisisse, étudiez avec lui les traditions et le folklore liés à ces créatures. Il existe par exemple de nombreux livres sur les fées des fleurs et ce qui les attire dans les jardins. La lavande est réputée être un très bon appât, mais vous et vos petits-enfants pouvez

tout aussi bien décréter que les fées des fraises préfèrent les feuilles rouges, que les fées coccinelles raffolent des feuilles tachetées ou que les fées des cerisiers aiment que tout soit rose. Pour les jardins de lutins, l'enfant préférera peut-être s'orienter vers des plantes étranges et inquiétantes, dotées de feuilles épineuses ou de noms aux consonances mystérieuses.

Le jardin pourra pousser dans un grand pot de fleur ou dans un coin de votre jardin. Si vous utilisez un pot de fleur, l'enfant pourra l'emporter chez lui et continuer d'en prendre soin. Si ce jardin fait partie intégrante de votre terrain, l'enfant aura une raison de plus de se réjouir à l'idée de vous rendre visite. Les fées sont des êtres enchanteurs et les lutins sont malicieux. Faites donc évoluer le jardin en conséquence.

Secret des grands-parents

Pour parfaire votre jardin de fées et de lutins, n'hésitez pas à investir dans des petites statuettes de jardin. Il existe un large choix sur Internet, mais cela peut aussi être une occasion de sortie avec vos petits-enfants dans une boutique près de chez vous. Chaque figurine pourra représenter un enfant, suivant son costume ou son caractère, ou chaque enfant pourra choisir son animal fabuleux… Tout est possible dans le monde du merveilleux.

Si vous avez un bout de terrain à consacrer à ce projet, choisissez un coin d'au moins 30 × 60 cm. Si vous utilisez un pot de fleur, assurez-vous qu'il est assez grand pour contenir tous les accessoires : choisissez un pot rectangulaire de 60 cm de long ou un pot rond d'au-moins 60 cm de circonférence.

Ce qu'il vous faut :

- ★ Un grand pot de fleur ou un coin de jardin
- ★ De petits plants
- ★ Du terreau (si vous utilisez un pot de fleur)
- ★ Un transplantoir
- ★ Des fleurs séchées, des herbes et des paillettes pour composer la « poussière » de fées ou de lutins
- ★ Divers accessoires (voir ci-dessous)

1 Pour les accessoires, rendez-vous dans un magasin de loisirs créatifs ou dans une animalerie, afin d'acheter tout le nécessaire à la fabrication des structures où fées et lutins pourront se cacher. Mais vous pouvez utiliser tout et n'importe quoi : des cailloux et des coquillages peints, des bijoux en plastique ou encore des ponts et des cabanes miniatures d'aquariums. Vos petits-enfants peuvent aussi fabriquer des structures avec des bâtons et de la colle. Rappelez-vous simplement que tous ces accessoires seront exposés au froid et aux intempéries. Choisissez donc des matières robustes.

2 Prenez le temps de dessiner ensemble les plans du jardin. Où sera le lit de la fée ? Où le lutin se cachera-t-il ? Où planter les fleurs ?

3 Piquez soigneusement les fleurs et les autres plantes dans la terre, conformément à vos plans.

4 Ancrez solidement les ponts, les coquillages et les autres structures dans la terre.

5 Enfin, saupoudrez généreusement le jardin de poussière de fées ou de lutins et laissez la magie opérer.

Organiser un grand vide-grenier

Vous ne vous en rendrez peut-être pas compte pendant les premiers mois, ou même avant que vos petits-enfants soient en âge de parler et de marcher, mais l'une des meilleures activités que vous puissiez leur proposer consiste tout simplement à fouiller et à trier les vieilleries qui encombrent vos penderies. Ce genre d'aventure a l'avantage d'être à la fois distrayant et pratique. Pour les enfants, cette activité présente deux intérêts. Présentez-la comme une chasse au trésor où ils pourront trier des affaires que vous n'utilisez plus depuis des années et mettront tout ce dont vous ne voulez plus de côté afin d'organiser un vide-grenier plus tard dans la journée.

1 Laissez les enfants choisir le placard qui les intéresse le plus. Celui qui déborde de photos de famille, de vieux bulletins scolaires et de lettres ? Ou l'armoire à linge pleine de vieux jouets et de puzzles ayant appartenu à leurs parents ?

2 Désignez trois piles : ce que vous gardez, ce que vous vendez et ce que vous jetez. Pour les motiver, autorisez chaque enfant à garder un objet ou plus.

3 Prenez le temps de leur raconter l'histoire des objets les plus intéressants du lot. La serviette que vous avez achetée durant votre lune de miel. La veste que vous portiez pour votre vingtième anniversaire de mariage.

4 Une fois que l'armoire est vide et que tout a été trié, demandez à vos petits-enfants ce qui les a poussés à garder tel ou tel objet et racontez-leur l'histoire de cet objet. Pliez et rangez soigneusement dans l'armoire les objets à conserver.

5 Faites l'inventaire des affaires à jeter, pour éventuellement récupérer celles dont vous pouvez faire don ou qui peuvent servir à fabriquer un patchwork de famille « crazy » (voir p. 99). Placez le reste dans un sac, en attendant la prochaine collecte.

6 Il ne vous reste plus à présent que la pile d'affaires à vendre. Inscrivez le prix de chaque article sur des autocollants ou des morceaux de papier vierges. Demandez aux enfants d'estimer chaque objet.

7 Installez une table devant chez vous et laissez vos petits-enfants dessiner une affiche pour signaler le vide-grenier. Ils peuvent également participer à la vente aux clients.

8 À la fin de la journée, demandez à vos petits-enfants ce qu'ils veulent faire de l'argent récolté. Peut-être auront-ils envie d'un petit cadeau ou de faire don des recettes à une œuvre caritative.

9 Faites don des invendus.

Secret des grands-parents

Allez jusqu'au bout ! N'abandonnez pas en cours de route, avec un placard aux trois quarts vide et des piles de vêtements à moitié triés. Si vos petits-enfants commencent à s'agiter, faites une pause, offrez-leur quelque chose à grignoter, mais ne laissez pas tout tomber. Au final, tout le monde se félicitera d'avoir su mener l'opération jusqu'à sa fin.

Organiser des élections imaginaires

Vos petits-enfants étudient peut-être le système électoral à l'école, mais vous avez participé à assez d'élections dans votre vie pour leur parler de choses qui ne figurent dans aucun manuel scolaire. Profitez-en pour leur raconter la première fois que vous avez voté : qui étaient les candidats ? Que se passait-il dans le monde ? Qu'est-ce qui compte le plus dans une élection selon vous ? Y a-t-il un vote que vous regrettez ? Et à l'époque de vos parents ?

Pour donner corps à ces idées, organisez de fausses élections. Inventez deux candidats représentant deux camps opposés sur une question que les enfants comprendront immédiatement : le candidat A prétend que les cookies aux pépites de chocolat sont meilleurs que les brownies, tandis que le candidat B fait campagne en affirmant que les pommes sont meilleures que les oranges. Cette activité nécessite la participation d'au moins cinq enfants. Il ne faudrait pas que ces élections débouchent sur une impasse !

Ce qu'il vous faut :

★ Un tableau

★ Des feutres

★ Des bulletins de vote (un papier par candidat et par électeur)

★ Des crayons (un par électeur)

1 Chaque enfant choisit le candidat qu'il souhaite soutenir.

2 Parlez avec eux de la façon dont les candidats font campagne. À vous de voir si vous aborderez la notion de campagne négative, ce qui peut vous aider à pimenter le débat : « Ne votez pas pour le

candidat B, il vous fera manger cinq fruits et légumes par jour ! »

3 Laissez les enfants créer leurs pancartes et leurs slogans à l'aide du tableau et des feutres. Candidat B : « Votez pour moi. C'est bon pour votre santé ! » Candidat A : « Votez gourmand, votez pour moi ! »

4 Demandez aux enfants de trouver de bons arguments en faveur de leurs candidats respectifs. S'ils sont assez grands pour comprendre ce principe, organisez un petit débat fictif, où vous ferez office de modérateur.

5 Parlez des avantages et des inconvénients du vote à bulletin secret. Faites-leur écrire le nom de chaque candidat sur des bouts de papier séparés. Si les enfants ne savent pas écrire, dites-leur de dessiner chaque candidat.

6 Distribuez les bulletins aux électeurs. Après avoir choisi le candidat pour lequel ils souhaitent voter, ils plient en deux le bulletin correspondant et le glissent dans le chapeau ou le bol prévu à cet effet.

7 En tant que préposé au dépouillement, vous êtes chargé de compter les votes et de révéler le nom du vainqueur.

8 Organisez une petite fête pour célébrer la victoire. Si le candidat A gagne, lancez une fournée de cookies aux pépites de chocolat. Si le candidat B l'emporte, servez des muffins aux pommes, une tarte aux pommes ou des tranches de pomme, tout simplement.

Une visite au magasin de jouets

En mamie ou papi dévoué, vous vous portez sûrement volontaire pour garder vos chères petites canailles quand votre fils et votre belle-fille partent seuls en voyage. Mais au bout de trois jours, vous êtes déjà allés au musée, au restaurant, au parc, à la réserve naturelle, à la bibliothèque, à la patinoire et au parc d'attractions. Hier, comme il pleuvait, vous les avez laissés regarder des films. Malheureusement, ce matin, il pleut encore. Que faire ? Cela peut paraître incongru, mais pourquoi ne pas les emmener au magasin de jouets ? Ce sera l'occasion de sortir de la maison, les enfants seront ravis et ils auront une nouvelle occupation en rentrant. Mais avant de partir, n'oubliez pas d'établir certaines règles.

- Insistez bien sur le fait que cette sortie est exceptionnelle et que vous n'y retournerez pas à chacune de leur visite.
- Dites-leur qu'ils ont droit à un article chacun.
- Fixez clairement votre limite de prix. Avec 5 ou 10 €, chacun pourra choisir. Au final, cela vous reviendra à peine plus cher qu'une sortie au cinéma.
- Laissez-les prendre tout leur temps dans les rayons. Après tout, le but est avant tout de sortir de la maison.
- Pensez à apporter du papier et un crayon. Si vos petits-enfants voient des choses qu'ils ne peuvent pas acheter aujourd'hui ou s'ils ont du mal à se décider, notez-le. Cela constituera une bonne idée de cadeau pour Noël ou leur prochain anniversaire.
- De retour chez vous, laissez les enfants s'amuser avec leurs nouveaux jouets, et profitez-en pour vous détendre. Si un des enfants a choisi un jeu de société, jouez-y ensemble.

Paroles de grands-parents

QUEL EST VOTRE MEILLEUR SOUVENIR D'ACTIVITÉ PARTAGÉE AVEC VOS PETITS-ENFANTS ?

“Je lisais une histoire à l'aîné de mes petits-fils. Il devait avoir cinq ans. Je me suis m'absentée et, quand je suis revenue, c'est lui qui s'est mis à me la lire. Un autre jour, je marchais sur la plage avec ce même petit-fils et, comme c'était mon anniversaire, il m'a offert un coquillage. Il est toujours chez moi ! J'aimais aussi beaucoup prendre le thé avec ma petite-fille, qu'il s'agisse de simples pique-niques ou de réceptions huppées, de la musique classique et de petits sandwichs très raffinés. Nous étions juste toutes les deux.”

Louise, 6 petits-enfants

“La plage et les balades. Cette lueur dans leurs yeux, leurs sourires radieux et leurs cris enfantins me remplissaient de bonheur : « Papi ! Papi ! » Jouer dans le sable, courir jusqu'au bord de l'eau, le plaisir de regarder les enfants s'amuser. C'était leur première journée à la plage !”

Victor, 3 petits-enfants

“Les emmener pêcher et faire des biscuits.”

Bernadette, 3 petits-enfants

“Planter et cultiver un jardin ensemble, pour ensuite récolter les légumes et les manger.”

Julie, 4 petits-enfants

3

Loisirs créatifs et recettes de cuisine

Avant de devenir grand-père ou grand-mère, vous avez sûrement développé une multitude de passions et de loisirs favoris et accumulé des tonnes de souvenirs émouvants. À présent, vous vous sentez prêt à transmettre ces expériences aux jeunes générations. Il n'y a rien de tel pour resserrer les liens avec ses petits-enfants que de s'asseoir côte à côte pour faire de nouvelles expériences, que ce soit en réalisant une recette de biscuits transmise de génération en génération, en assemblant un patchwork ou en ressortant des photos de famille et des souvenirs oubliés.

Dans ce chapitre, vous découvrirez ou redécouvrirez des recettes et des activités qui donneront à vos petits-enfants l'expérience pratique et la satisfaction de créer quelque chose, qu'il s'agisse d'immortaliser un moment grâce à un pêle-mêle, de ramasser des pommes pour préparer un délicieux gâteau ou de compiler un abécédaire illustré, pour apprendre une nouvelle langue ensemble. De votre côté, vous ressentirez un réel plaisir en voyant leurs petites mains s'affairer auprès des vôtres, tandis que vous mélangez la pâte, que vous créez des souvenirs de famille et que vous vous forgez une histoire commune.

Avec vos petits-enfants, vous êtes au carrefour de plusieurs générations et en passant du temps avec eux, peut-être même en comparant les événements de votre enfance aux leurs, vous leur transmettez des traditions, ainsi qu'une conception de l'histoire et de l'existence qui les accompagneront toute leur vie.

Envie de douceur : recettes de biscuits inratables

Vos petits-enfants associent sûrement déjà les visites chez vous à vos délicieux biscuits et il est de votre devoir de grand-parent de leur accorder ces petites gourmandises auxquelles ils n'ont généralement pas droit chez eux. Quelle est votre spécialité maison ? Les biscuits de Noël que vous préparez pour les réunions de famille ou une recette transmise de génération en génération ? Pour occuper une journée pluvieuse ou pour préparer les fêtes ensemble, proposez aux enfants de cuisiner. L'un peut verser les ingrédients secs tandis qu'un autre mélange le tout dans un saladier. Les recettes qui suivent viennent de différents membres de notre famille.

Les biscuits au beurre de mamie

- 450 g de sucre semoule
- 225 g de beurre salé mou
- 4 c. à café de levure chimique
- 4 œufs
- 450 g de farine

Pour 36 à 48 biscuits (selon la taille des emporte-pièces)

1 Préchauffez le four à 180 °C.

2 Mélangez le sucre et le beurre dans un grand saladier, jusqu'à ce que le mélange blanchisse.

3 Ajoutez les œufs un par un et mélangez à l'aide d'une grosse cuillère en bois.

4 Ajoutez la levure et la farine.

5 Formez deux boules de pâte et enveloppez-les de film alimentaire. Laissez reposer au réfrigérateur jusqu'au lendemain.

6 Avant de passer à l'étape suivante, saupoudrez un peu de farine et de sucre sur une feuille de papier sulfurisé et sur la pâte. Étalez la pâte sur le papier sulfurisé, à l'aide d'un rouleau à pâtisserie.

7 Découpez les biscuits à l'aide de vos emporte-pièces préférés. Couvrez les plaques à pâtisserie de papier sulfurisé et transférez délicatement dessus les biscuits, à la main ou à l'aide d'une spatule.

8 Enfournez et faites cuire 8 à 10 minutes. Laissez les biscuits refroidir et placez-les dans une boîte hermétique.

Les biscuits au beurre de Florence

- ★ 250 g de beurre demi-sel mou
- ★ 150 g de sucre
- ★ 1 œuf
- ★ 1 c. à café d'extrait de vanille
- ★ 250 g de farine
- ★ Une pincée de levure chimique

Pour 24 biscuits environ

1 Préchauffez le four à 180 °C.

2 Dans un saladier, mélangez le beurre et le sucre.

3 Ajoutez l'œuf et l'extrait de vanille et mélangez.

4 Ajoutez progressivement la farine et la levure et mélangez jusqu'à obtention d'une pâte humide.

5 À l'aide d'une cuillère à café, déposez de petits tas de pâte sur des plaques à pâtisserie graissées et aplatissez-les avec le fond d'un petit verre.

6 Passez au four 15 à 20 minutes ou jusqu'à ce que les biscuits soient bien dorés.

7 Laissez refroidir les biscuits et placez-les dans une boîte hermétique.

Secret des grands-parents

Pourquoi ne pas démarrer un livre de cuisine avec toutes les recettes préférées de la famille, des amis et des voisins ? Vous pourrez y noter l'histoire de chaque recette et les anecdotes qui y sont liées.

Fabriquer un patch de famille « crazy »

À moins que vous ne fassiez partie de ces rares personnes capables de jeter tout ce dont elles n'ont plus besoin sans état d'âme, vous avez probablement chez vous une pile de vêtements et de couvertures qui n'ont pas servi depuis des années, mais dont vous n'arrivez pas à vous séparer. Les tissus ont une histoire : la robe que vous portiez à votre mariage, le chemisier que votre sœur arborait lorsqu'elle a rencontré son bien-aimé, la couverture pour bébé transmise de mère en fille, à présent trop usée pour être réutilisée. Tout cela peut servir de matériel de base pour de fantastiques activités de couture à réaliser avec vos petits-enfants.

Un patch de famille « crazy » est un patchwork sans forme régulière. C'est donc un excellent projet à réaliser avec de jeunes enfants. Avec le patch « crazy », tout est possible. Il se compose généralement de différents morceaux de tissu cousus sur une plus grande étoffe de base. L'objet fini constituera un héritage familial unissant le passé au présent. C'est une très bonne idée de cadeau, qui permet de raconter des tonnes d'anecdotes. Laissez vos petits-enfants fouiller dans vos piles de tissus et prenez tout votre temps, racontez-leur l'histoire de vos pièces préférées, puis mettez-vous au travail !

L'histoire du patch « crazy »

Ce patch a connu son heure de gloire aux États-Unis vers la fin du 19e siècle. On pense que les motifs orientaux, populaires à cette époque, ont influencé les styles et les motifs alambiqués caractéristiques des patchworks actuels.

Ce qu'il vous faut :

- Une grande pile de tissus
- Des aiguilles et du fil (de n'importe quelle couleur) ou de la colle à tissu
- Un tissu de base résistant (un drap épais, par exemple)
- Des ciseaux

1 Choisissez votre tissu de base. Vous pouvez l'acheter dans un magasin de tissus ou simplement découper un drap blanc pour lui donner la forme désirée. Décidez de la taille en fonction de la quantité de tissus dont vous disposez et l'usage auquel est destiné ce patchwork (un oreiller, un plaid ou une couverture ?).

2 Laissez les enfants choisir dix à vingt morceaux de tissu – si vous avez décidé de faire un plus grand ouvrage – qu'ils souhaitent intégrer au patchwork.

3 Ils peuvent ensuite y découper les formes de leur choix : ronds, carrés, cœurs, étoiles, fers à cheval…

4 Si vos petits-enfants sont assez grands pour utiliser du fil et une aiguille, laissez-les coudre ces pièces de tissu sur le tissu de base, en leur faisant choisir l'emplacement de chaque pièce, sinon, utilisez la colle à tissu. Vous pourrez coudre les pièces vous-même plus tard, si le cœur vous en dit. Ne vous sentez pas obligé de recouvrir toute la surface, ce n'est pas grave si l'étoffe de base se voit. C'est leur patchwork et il sera tel qu'ils le souhaitent !

Les bases du point glissé

C'est l'occasion d'apprendre aux enfants les bases du point glissé.

1 Enfilez l'aiguille avec environ 60 cm de fil et nouez les extrémités ensemble. Le but est de donner aux enfants un fil assez long pour qu'ils n'aient pas à réenfiler l'aiguille trop souvent.

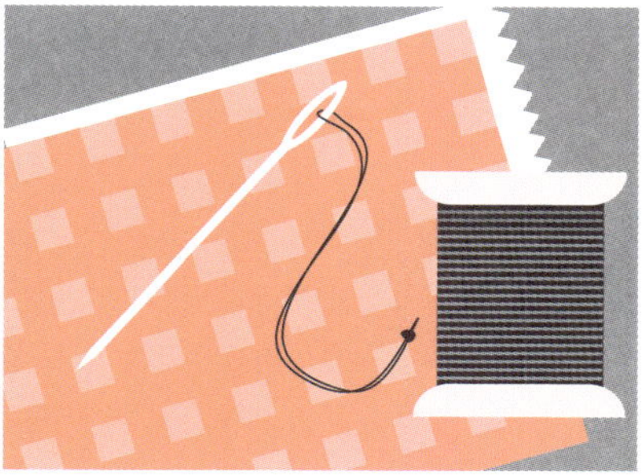

2 Montrez-leur comment piquer l'aiguille dans l'envers du tissu de base et du tissu du motif, puis comment tirer sur l'aiguille et sur le fil pour les faire ressortir sur l'endroit du travail.

3 Piquez l'aiguille à gauche dans le tissu de base, juste au-dessus du tissu du motif, de façon à former un petit point oblique de 3 mm environ.

4 Tirez l'aiguille pour que le fil ressorte sur l'envers.

5 Piquez l'aiguille sur l'envers de l'ouvrage, juste en dessous, de façon à prendre les deux tissus ensemble, et ressortez-la sur l'endroit du travail.

6 Continuez toujours ainsi sur tout le tour du tissu à appliquer. Pour terminer, faites quelques points avant superposés sur l'arrière de l'ouvrage puis coupez le fil au ras du tissu.

Secret des grands-parents

Pour poursuivre cette activité, offrez *l'Élue* de Lois Lowry (Gallimard Jeunesse) à vos petits-enfants (à partir de 12 ans). Ils dévoreront l'histoire de Kira, la petite orpheline qui ne doit sa survie qu'à son don exceptionnel pour la broderie : le Conseil des Seigneurs l'a choisie pour restaurer et achever la fabuleuse robe sur laquelle est inscrite toute l'histoire de son peuple. Mais il lui faudra d'abord résoudre des énigmes pour trouver la couleur qui lui permettra d'inventer l'avenir…

Le Scoop : créer une gazette familiale

Les nouveaux moyens de communication (internet, webcams...) ne procurent pas le plaisir que l'on prend à retracer l'histoire de la famille comme au bon vieux temps : dans une gazette imprimée que vos petits-enfants pourront toucher, manipuler et envoyer à leurs proches. C'est encore le meilleur moyen de partager les histoires de famille, des plus anciennes aux plus récentes.

Ce qu'il vous faut :

- ★ Du papier et des crayons
- ★ Du scotch ou de la colle
- ★ Une paire de ciseaux
- ★ Un ordinateur
- ★ Un téléphone
- ★ Un scanner

1 Demandez à l'enfant de faire une liste des membres de la famille qu'il souhaite interviewer (grands-oncles, cousins, grands-parents). Complétez la liste avec les coordonnées des personnes concernées.

2 Préparez avec lui une liste de questions :

- Qui attend un bébé ?
- Y a-t-il des mariages en préparation ?
- Un membre de la famille a-t-il émigré ? Si oui, de quel pays et vers quel pays ?
- Quelqu'un a-t-il lancé sa propre affaire ces dernières années ?
- Comment s'appellent (ou s'appelaient) des animaux domestiques de la famille ?
- Quelles ont été les plus belles vacances en famille ? Le rassemblement familial le plus grandiose ? La fête de famille la plus attendue ?

3 Aidez l'enfant à contacter les personnes à interroger par téléphone, par e-mail ou de vive voix, puis laissez-le mener l'interview en prenant des notes (ou en imprimant l'e-mail de réponse).

4 Aidez l'enfant à rédiger son article. S'il est trop jeune pour écrire de longs textes, demandez-lui de vous dicter ce qu'il a retenu des différentes conversations et de faire un dessin illustrant le thème central de l'article. S'il est assez grand pour utiliser l'ordinateur seul, laissez-le taper tous les articles. Si vous ne possédez pas d'ordinateur, vous pouvez utiliser une machine à écrire ou simplement rédiger les articles à la main.

5 À présent, sortez vos albums de famille et laissez l'enfant choisir les photos qui illustrent le mieux chaque article. Il pourra ensuite scanner les photos ou scotcher les originaux sur sa « maquette ».

6 Lorsque la gazette est prête, il est temps de passer au tirage : vous pouvez imprimer des copies sur votre imprimante de bureau ou aller les photocopier.

7 Établissez la liste des destinataires. C'est l'occasion d'expliquer à l'enfant les liens de parenté existant entre les différents membres de la famille. L'enfant peut ensuite écrire les adresses et poster les copies.

Secret des grands-parents

Si vous recevez plusieurs petits-enfants en même temps, répartissez les tâches en fonction de leur âge : reporter, rédacteur, illustrateur ou rédacteur en chef.

La cueillette à la ferme et les secrets d'un gratin de fruits fondant à souhait

La cueillette à la ferme ou la visite d'un marcher paysan peut occuper vos petits-enfants pour la journée. Quoi de mieux que de savourer les baies, les pêches ou les pommes locales fraîchement cueillies ? Certaines fermes proposent même des promenades en charrette et des crèmes glacées aux parfums des fruits de leur verger. Si vos petits-enfants viennent d'une région agricole différente de la vôtre, ce sera l'occasion pour eux de goûter les fruits sur l'arbre et de parler de l'importance environnementale de privilégier les produits locaux. Sachez que la cueillette de fruits peut prendre plusieurs heures. Prévoyez de l'eau, des chapeaux de soleil et quelques petits gâteaux !

Quand tout le monde aura fait le plein de fruits frais, vous aurez de quoi réaliser toutes sortes de tartes, de confitures, de biscuits et de crêpes. Néanmoins, la recette qui suit fait l'unanimité des gourmands. Il s'agit d'un dessert à la pêche, mais les cerises, les myrtilles, les mûres ou les pommes s'y prêtent aussi très bien. Cette recette est idéale pour les petits, qui pourront laver les fruits délicatement, les équeuter et fouetter la pâte. Les plus grands pourront faire fondre le beurre et remuer les fruits pendant la cuisson.

À la sortie du four, c'est l'émerveillement général : les fruits sont tombés au fond du plat tandis que la pâte est remontée pour former une belle croûte dorée. Ce gratin se déguste avec une boule de glace à la vanille.

Le gratin de fruits

Le gratin de fruits se décline à l'infini. N'hésitez pas à mélanger les fruits et à ajouter des arômes comme la vanille.

Ce qu'il vous faut :

- ★ 110 g de beurre fondu
- ★ 4 à 5 pêches pelées et coupées
- ★ Au moins 350 g de sucre
- ★ 1 c. à café de cannelle
- ★ 1 pincée de noix muscade moulue
- ★ 100 g de farine
- ★ 2 c. à café de levure chimique
- ★ 1 pincée de sel
- ★ 25 cl de lait

(pour 8 parts)

1 Préchauffez le four à 180 °C.

2 Beurrez et farinez un moule à gratin en verre d'environ 20 × 30 cm. Versez dedans le beurre fondu.

3 Dans une casserole, faites une compote des fruits à feu doux avec 130 g de sucre, puis ajoutez la cannelle et la noix muscade. Les fruits doivent être bien sucrés. N'hésitez pas à ajouter du sucre si nécessaire.

4 Dans un saladier à part, mélangez la farine, 220 g de sucre, la levure et la pincée de sel. Ajoutez le lait, fouettez et versez dans le plat à gratin, sur le beurre fondu.

5 Répartissez délicatement les fruits sur la pâte pour former une couche régulière.

6 Enfournez et laissez cuire environ 45 minutes ou jusqu'à ce que la croûte soit bien dorée.

La glace minute

La plupart des enfants raffolent des glaces. Au lieu de servir à vos jeunes gastronomes un dessert glacé acheté au magasin, proposez-leur de réaliser cette délicieuse glace maison. Voici une méthode infaillible, pour un dessert savoureux, rafraîchissant et surtout très amusant à faire.

Ce qu'il vous faut :

- ★ 400 g de framboises ou de fraises surgelées
- ★ 250 g de fromage blanc
- ★ 75 g de sucre
- ★ Chantilly, coulis de framboise ou de fraise pour la décoration

1 Placez le fromage blanc 15 minutes au congélateur afin qu'il soit bien froid.

2 Mixez les framboises ou les fraises encore surgelées.

3 Ajoutez le sucre, le fromage blanc et mixez de nouveau jusqu'à obtenir une crème homogène. Servez aussitôt accompagné d'un filet de coulis ou, pour les plus gourmands, d'un peu de chantilly.

Ce dessert doit être préparé rapidement mais, une fois les ingrédients mixés, la glace peut attendre au congélateur le temps du repas.

Le gâteau glacé

Ce qu'il vous faut :

- ★ 3 meringues
- ★ 250 g de crème fraîche épaisse
- ★ 5 œufs
- ★ 70 g de sucre en poudre
- ★ 2 paquets de sucre vanillé
- ★ Un peu de caramel liquide et des amandes grillées

1 Mélangez les jaunes d'œufs avec le sucre, la crème fraîche et le sucre vanillé.

2 Montez les blancs en neige et cassez grossièrement les meringues.

3 Incorporez délicatement les blancs en neige et les morceaux de meringue au mélange.

4 Placez le tout dans un moule à cake beurré puis mettez au congélateur pendant 24 heures.

5 Au moment de servir, plongez le moule une minute dans de l'eau chaude puis démoulez le gâteau glacé sur un joli plat. Arrosez de caramel liquide et parsemez d'amandes grillées.

Préparer une crêpes party

Il n'y a pas qu'à la Chandeleur que l'on doit faire des crêpes... Organisez un goûter ou même un repas du soir autour des crêpes et vous serez, alors, la plus gentille des mamies ou le papi le plus cool. Laissez vos petits-enfants faire sauter les crêpes en veillant cependant à bien expliquer comment éviter de se brûler. Et restez toujours à côté, évidemment !

Chanson des grands-parents

La veille de la Chandeleur
L'hiver se passe ou prend rigueur
Si tu sais bien tenir la poêle
À toi l'argent en quantité
Mais gare à la mauvaise étoile
Si tu mets la crêpe à côté.

Pâte à crêpes

- ★ 250 g de farine
- ★ 3 œufs
- ★ 50 cl de lait
- ★ 50 g de beurre
- ★ 25 g de sucre
- ★ 1 pincée de sel

1 Mélangez la farine, le sel et le sucre dans une terrine.

2 Cassez les œufs dans un grand bol et battez-les en omelette en incorporant un verre de lait.

3 Versez cette préparation dans la farine et mélangez vigoureusement au fouet pour obtenir une pâte lisse et sans grumeaux.

4 Faites fondre le beurre.

5 Ajoutez progressivement le reste de lait et le beurre fondu.

6 Laissez reposer 1 heure à température ambiante.

Trucs et astuces des grands-parents

Parfumez la pâte à crêpes avec, au choix, de la vanille, de la fleur d'oranger, des zestes de citron, d'orange ou de mandarine.

Pour une crêpes party réussie, pensez à proposer à vos petits gourmands de nombreuses garnitures… Sucre, confiture, miel, beurre ou encore sauce au chocolat ou au caramel… Plutôt que d'en acheter au magasin, faites avec eux ces sauces, c'est simple et facile à réaliser…

Sauce au chocolat

- ★ 100 g de chocolat noir
- ★ 3 œufs
- ★ 15 cl de lait
- ★ 2 c. à soupe de crème fraîche

1 Cassez le chocolat en petits morceaux.

2 Faites-le fondre dans la moitié du lait chaud.

3 Lissez à la spatule et ajoutez le restant du lait et la crème fraîche.

4 Servez aussitôt.

Sauce au caramel

- ★ 100 g de sucre en poudre
- ★ 30 g de beurre salé
- ★ 10 cl de crème fraîche épaisse ou liquide

1 Faites du caramel jusqu'à ce qu'il prenne une couleur ambrée.

2 Arrêtez la cuisson avec 1 cuillerée à soupe d'eau.

3 Mélangez le beurre au caramel.

4 Ajoutez la crème et mélangez.

5 Faites réchauffer sans bouillir. Servez chaud ou tiède.

Jeux et activités autour de l'album de famille

Lorsque vos petits-enfants sont en âge de comprendre que, aussi incroyable que cela puisse paraître, maman, papa, mamie et papi ont été bébés eux aussi, c'est le moment idéal pour leur faire goûter aux joies des albums de famille. Ils seront fascinés par les photos de leurs parents au même âge. Profitez d'une journée pluvieuse pour regarder quelques photos choisies au hasard ou ressortez une boîte de vieux clichés après un après-midi bien rempli. Laissez vos petits-enfants repartir avec une photo. Vous pouvez être sûr qu'ils la garderont précieusement.

Trier des photos tout en s'amusant permet également d'évoquer une foule d'anecdotes et de souvenirs. Vous pouvez ranger les photos par ordre chronologique ou jouer aux devinettes en demandant aux enfants d'identifier les personnes sur la photo. Vous trouverez ci-dessous quelques idées d'activités.

Le jeu des paires

1 Faites tirer une dizaine ou une vingtaine de photos en double. Peu importe la quantité, tant que c'est un nombre pair.

2 Coupez les bords pour qu'elles aient toutes les mêmes dimensions.

3 Mélangez les photos et disposez-les en rangées symétriques, par terre ou sur la table, face cachée.

4 Chaque enfant retourne deux cartes en même temps en essayant de reconstituer une paire. S'il échoue, il repose

les photos à leur place, face cachée, et c'est au joueur suivant d'en retourner deux.

5 Le but du jeu est de mémoriser l'emplacement de chaque photo et d'arriver à reconstituer plus de paires que les autres joueurs. Celui qui a retourné le plus de paires a gagné la partie.

Puzzles-photos

Les enfants adorent les puzzles. Alors pourquoi ne pas donner une dimension nouvelle à cette activité ludique, en créant des puzzles à partir de vos photos de famille ?

1 Agrandissez quelques photos de famille au format 20 × 25 cm.

2 Collez les photos ainsi agrandies sur des feuilles de carton et laissez sécher.

3 Une fois que les montages sont secs, découpez les photos de façon aléatoire. Vous pouvez leur donner n'importe quelle forme, mais ne comptez pas plus de dix pièces pour un enfant de moins de quatre ans et pas plus de vingt pour un enfant de moins de six ans.

4 Si vous utilisez plusieurs photos, rangez soigneusement les pièces de chaque puzzle dans des sachets séparés.

5 À présent, laissez vos petits-enfants reconstituer les clichés originaux.
Conseil : ayez toujours les originaux sous la main, au cas où vous oublieriez comment les pièces s'assemblent !

Que faire avec une collection ?

Maintenant que vous voilà grand-père ou grand-mère, l'heure est venue de ressortir vos collections de timbres ou de capsules pour les montrer à votre descendance ou même de démarrer une collection autour d'une passion partagée. Imaginez le regard ébahi de votre petit-enfant quand vous lui montrerez la pierre que vous avez rapportée pour votre collection, lors de votre excursion au pied du Vésuve. Imaginez sa joie à l'idée de vous montrer le corail fossilisé qu'il a trouvé avec ses parents, sur les plages de Bretagne. Vous pourrez par la suite lui transmettre votre précieuse collection de timbres, afin de susciter l'enthousiasme qui était le vôtre quand vous avez démarré cette collection lorsque vous étiez enfant.

Voici quelques idées de collections et d'activités s'y rapportant.

Les boutons

On dit que les boutons ont été inventés en Égypte et en Grèce antique,

dans un but purement décoratif, et ont revêtu un aspect plus pratique au fil du temps. En élargissant votre collection, proposez à votre petit-fils ou petite-fille d'étudier l'histoire de cet objet confondant de simplicité. Vous découvrirez qu'au Moyen Âge les boutons des hommes (contrairement à ceux des femmes) étaient vraisemblablement décalés sur la gauche de leurs vêtements, pour leur permettre de déboutonner leur manteau de la main gauche, tout en dégainant leur épée de la droite. Les boutons peuvent être faits d'or, de verre, de tissu, de cuivre, de porcelaine, de bois, de plastique, d'ivoire, d'écaille et même de diamant. Certains sont unis, d'autres sont ornés de dessins et de motifs.

1 Commencez par fouiller ensemble tous vos tiroirs et tous les espaces de rangement, à la recherche de boutons inutilisés. Examinez aussi les vieux vêtements de votre garde-robe. Certains comportent peut-être des spécimens rares à ajouter à votre collection.

2 Demandez à l'enfant de faire de même chez lui (en précisant évidemment qu'il doit demander la permission avant de prendre un bouton sur un vêtement) et d'ouvrir l'œil lorsqu'il se rend dans les magasins d'occasion.

3 Choisissez un bocal où vous mettrez tous les deux tous les boutons que vous aurez trouvés. Plus tard, vous pourrez les trier et les coudre ou les coller sur des fiches en fonction de leur couleur, leur matière ou le type de vêtement dont ils proviennent.

4 Une autre solution consiste à proposer des activités autour de ces boutons. C'est un bon moyen de les recycler, tout en réalisant de jolis objets dont l'enfant pourra faire cadeau :

- Cousez les boutons sur un coussin pour le décorer.
- Collez ou cousez des boutons colorés sur des assiettes en papier, puis enfilez ces assiettes sur un ruban par groupes de trois ou quatre pour former une guirlande murale.
- Enfilez des boutons sur un ruban fantaisie pour en faire un collier, un bracelet ou une ceinture.
- Collez les boutons sur une boîte pour en faire une boîte à bijoux ou à souvenirs.

Les capsules

Avec cette collection, vous verrez les yeux de votre petit-enfant s'écarquiller chaque fois que vous ouvrirez une bouteille. De plus, les capsules métalliques sont des souvenirs peu encombrants, que vous pouvez facilement rapporter de voyage.

1 Commencez par recueillir les capsules dans un bol, un pot ou un sac en plastique. Les enfants aiment entendre leur tintement métallique.

2 Classez les capsules par types ou par couleurs, ou contentez-vous de les empiler pour construire une tour géante. Rassemblez-les par groupes de cinq, dix ou vingt-cinq pour apprendre à l'enfant à compter tout en s'amusant.

3 Une fois que vous aurez récolté au moins cent capsules, vous pourrez créer un collage de capsules :

- Aidez l'enfant à aplatir la moitié des capsules au marteau. Attention à ce qu'il ne s'écrase pas les doigts (ni les vôtres) ! Laissez les autres capsules telles quelles.
- Peignez un morceau de carton rigide de la couleur de son choix.
- Quand la peinture est sèche, collez les capsules, de manière aléatoire ou en dessinant un motif, avec de la colle forte ou, si vous en possédez un, au pistolet à colle. Gardez les jeunes enfants éloignés.
- Collez les capsules non aplaties, face contre le carton pour laisser apparaître l'intérieur.
- Quand la colle est sèche, fixez une grosse ficelle au dos du carton pour pouvoir l'accrocher au mur.

Les timbres

Les vraies collections de timbres demandent beaucoup de patience et d'efforts. Peut-être avez-vous déjà une collection que vous pouvez à présent partager avec votre petit-enfant. Sinon, vous pouvez simplifier les choses en collectionnant des timbres courants, déjà oblitérés. Ils seront beaucoup plus simples à trouver et vous pourrez vous en servir plus tard pour fabriquer de petits objets décoratifs.

Découpez soigneusement les timbres que vous souhaitez conserver et rassemblez-les. Demandez à votre petit-fils ou petite-fille de faire de même à la maison. La prochaine fois, vous pourrez parler au téléphone de vos dernières trouvailles. Une fois que vous aurez recueilli un assez grand nombre de timbres, vous pourrez créer un ensemble de correspondance personnalisé, que seuls vous et l'enfant pourrez utiliser.

1 Achetez des cartes de correspondance et des enveloppes blanches.

2 Enduisez les cartes de colle, sur une seule face, et collez-y autant de timbres que vous le souhaitez, au gré de votre inspiration. Vous pouvez créer un motif ou les coller au hasard ou en fonction de leur couleur ou de leur teinte. Laissez bien sécher.

3 Ces cartes seront réservé à votre correspondance. Vous pourrez lui écrire des messages sur les cartes que vous aurez confectionnées, et inversement. Si l'enfant est trop jeune pour écrire, il n'aura qu'à faire un dessin au dos de la carte. Écrivez votre adresse sur des enveloppes timbrées. Ainsi, l'enfant n'aura plus qu'à demander à ses parents de l'amener à la boîte aux lettres.

Roches et coquillages

Selon le lieu où vous habitez, il y a sûrement près de chez vous des pierres ou des coquillages qui ne demandent qu'à être collectionnés. Prenez le temps d'explorer les environs pour voir les possibilités qui s'offrent à vous.

Pour ramasser un maximum de coquillages, le mieux est de se rendre sur la plage après une tempête ou à marée basse. Apportez un seau en plastique ou un sac pour transporter vos trouvailles. Faites un rappel des règles de base : on ne ramasse pas les coquillages contenant des animaux vivants et on ne dérange pas les palourdes ou les moules. En revanche, si le coquillage est vide, pas de problème.

Quant aux pierres, on en trouve quasiment partout. Dans les champs, le long des chemins, en forêt et près des cours d'eau. Certaines sont typiques de la région alors que d'autres se distinguent par leur forme ou leur couleur. Soyez sélectifs. Ne glissez pas tout et n'importe quoi dans votre seau ou votre sac à dos, car vous risquez rapidement de crouler sous le poids.

De retour chez vous, nettoyez soigneusement vos pierres ou vos coquillages à l'eau savonneuse. Placez-les dans une boîte d'œufs en carton vide et notez sur des petits papiers l'endroit où vous les avez trouvés (certaine boutiques spécialisées vendent même des boîtiers en plastique prévus à cet effet). Vous pouvez emmener l'enfant à la bibliothèque pour emprunter des livres sur les collections de pierres ou de coquillages et identifier plus précisément vos trouvailles.

Une autre solution, surtout si vous êtes plus axé sur les activités que sur l'aspect scientifique du projet, consiste à choisir de grosses pierres lisses pour en faire des presse-papiers. Il suffit de les peindre et, après séchage, de les recouvrir d'une couche de vernis. Vous pouvez aussi former des personnages en collant des roches et des coquillages.

Découvrir un nouveau langage en élaborant un abécédaire illustré

Un abécédaire illustré est un petit ouvrage permettant aux enfants d'apprendre l'alphabet et des mots par le biais d'images et d'illustrations. Vous pouvez développer ce concept avec vos petits-enfants en compilant un abécédaire illustré dans une nouvelle langue – une langue reflétant votre héritage familial ou que vous et vos petits-enfants connaissez bien, ou même, à l'inverse, une langue que vous avez toujours rêvé d'apprendre.

Que votre langue maternelle soit l'espagnol ou que vos petits-enfants rêvent de visiter le Mexique, l'Angleterre ou Israël, étudiez ensemble les ouvrages susceptibles de vous fournir les lettres et les mots dont vous aurez besoin pour créer votre abécédaire. Bien sûr, l'alphabet que vous utiliserez dépendra de la langue à traduire, donc n'oubliez pas de bien vérifier la forme et l'ordre des lettres.

Ce qu'il vous faut :

★ Du papier (au moins une page par lettre de l'alphabet, plus une pour la couverture et une autre pour le dos du livre)

★ Des feutres de couleur

★ Un dictionnaire bilingue

★ Une perforatrice

★ Un petit rouleau de ruban

1 Discutez ensemble de la langue que vous avez choisie. A-t-elle tenu une place importante dans votre vie ?

Dans quelle mesure ? Y a-t-il des mots de cette langue qu'il vous arrive d'utiliser et que votre petit-fils ou petite-fille connaît déjà ?

2 Récapitulez l'alphabet dans l'ordre, une lettre à la fois. Par exemple, un abécédaire visuel d'hébreu commencera par la lettre « aleph », un abécédaire de grec, par « alpha », et un abécédaire d'espagnol, par « a ».

3 Chaque page représentera une lettre et comportera une illustration. Choisissez un mot commençant par la lettre en question. Admettons que vous décidez de commencer par le mot Arbre, pour la lettre A. Demandez à l'enfant de traduire ce mot dans la langue choisie, puis écrivez ce mot en grand en français et dans cette langue, en haut de la page.

4 Demandez à l'enfant de faire un dessin pour illustrer ce mot.

5 Continuez dans l'ordre alphabétique, une lettre à la fois. Prenez tout votre temps. C'est un projet qui peut s'étaler sur plusieurs jours ou plusieurs semaines au lieu d'un seul après-midi.

6 Une fois arrivés au bout de l'alphabet, remettez toutes les pages dans l'ordre et percez trois trous sur le côté gauche, sans abîmer les mots ou les illustrations.

7 Demandez à votre petit-enfant de décorer la couverture et le dos du livre, sans oublier d'indiquer le nom des auteurs, et perforez-les comme vous avez perforé les pages intérieures. Placez-les ensuite sur et sous les pages.

8 Découpez trois petits morceaux de ruban et passez-en un dans chaque trou, sans trop serrer, pour pouvoir tourner les pages plus facilement.

Composer un centre de table pour les repas de famille

Les grandes fêtes familiales sont des moments privilégiés de l'année, mais pour les plus jeunes, ces journées semblent souvent interminables. Certes, toute la famille est réunie, mais souvent beaucoup de magasins et de lieux de divertissement sont fermés et tout le monde se retrouve enfermé à la maison, pendant que les adultes cuisinent. Alors comment occuper les enfants ? Aidez-les à composer un centre de table festif pour le repas. Au final, ils se souviendront beaucoup plus longtemps du temps passé avec vous que de ce qu'ils auront mangé ce jour-là. Les fêtes sont une façon de préserver les traditions, et cela pourrait être l'occasion d'en créer une nouvelle !

Cette activité doit avoir un côté spontané, la plupart du matériel devra donc provenir de votre intérieur ou des environs.

Ce qu'il vous faut :

- ★ Un grand panier
- ★ Divers objets trouvés
- ★ Du papier de couleur vive (en fonction de la saison ou de la fête célébrée)
- ★ Des ciseaux
- ★ Un rouleau de ruban

1 Récupérez un grand panier : le panier d'une ancienne composition florale, un panier en osier tombé aux oubliettes ou même votre panière à pain. Si vous ne trouvez pas, prenez un grand saladier en bois.

2 Donnez un sac plastique à chaque enfant et emmenez-les dehors. Ils seront sûrement heureux de pouvoir s'éclipser, loin des odeurs de plats mijotés.

3 Envoyez-les ramasser de petits objets pour décorer le panier : des branches aux couleurs d'automne ou des feuilles d'un vert printanier, des pommes de pin, de jolis cailloux, des fleurs sauvages…

4 Une fois que les enfants ont fini de se dégourdir les jambes, faites-les rentrer et lancez-les à la recherche de fruits, d'accessoires de décoration (des plumes, des perles…) ou même de jouets attrayants et colorés.

5 Étalez toutes leurs trouvailles sur la table pour évaluer le matériel dont vous disposez. Rincez et séchez au besoin, puis aidez les enfants à disposer tous les éléments dans le panier, de façon aussi esthétique que possible.

6 Découpez des formes et des confettis en papier et éparpillez-les sur l'ensemble de l'arrangement, pour créer une unité visuelle.

7 Pour finir, nouez un morceau de ruban autour du panier, placez-le au centre de la table et le tour est joué !

Vive les bonshommes de perles !

Fabriquer des personnages en perles est une activité dont les enfants ne se lassent jamais. Vous trouverez tout le matériel dans les magasins de loisirs créatifs. Montrez aux enfants comment assembler les premiers personnages puis laissez-les les confectionner eux-mêmes.

Ce qu'il vous faut pour un bonhomme de perles :

- ★ 2 cure-pipes
- ★ 3 perles rondes avec des trous assez larges pour y passer les cure-pipes
- ★ 24 perles plates à trois branches
- ★ 4 perles plates colorées à six branches
- ★ 1 anneau de porte-clés
- ★ 1 grosse perle en bois (2 à 3 fois plus grosse que les perles rondes)
- ★ De la peinture ou des autocollants
- ★ Du fil et de la colle

1 Réunissez tout le matériel nécessaire.

2 Enfilez l'anneau de porte-clés sur un cure-pipe, faites-le glisser jusqu'au milieu et pliez le cure-pipe en deux.

3 Faites passer les deux extrémités du cure-pipe à travers la grosse perle en bois et bloquez-la sous l'anneau en métal. La tête est ainsi réalisée.

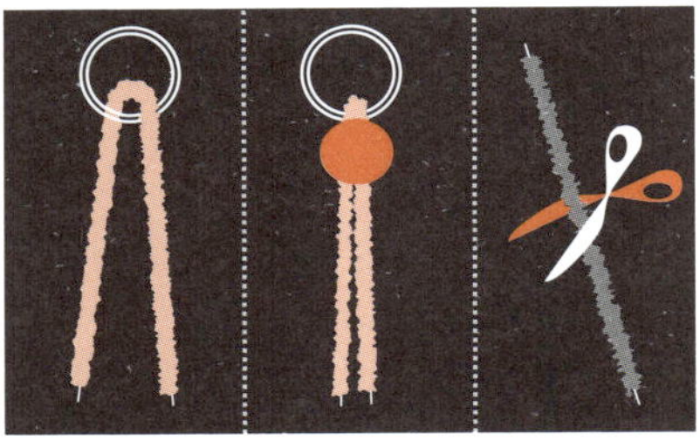

4 Coupez le second cure-pipe en deux.

5 Placez une moitié du cure-pipe coupé juste sous la tête, rabattez la partie gauche vers la droite et inversement, pour former deux bras.

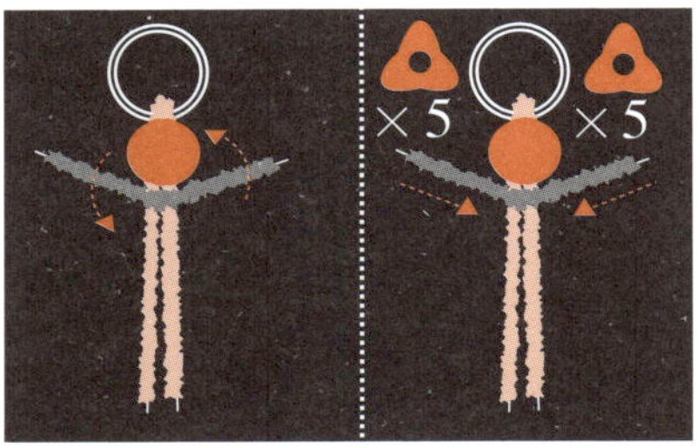

6 Enfilez cinq perles triangulaires sur chaque bras.

7 Prenez deux perles flocons et enfilez-en une à l'extrémité de chaque bras, en les plaquant contre les autres perles. Fixez le tout en enroulant les extrémités du cure-pipe autour des branches des perles flocons. Coupez ce qui dépasse et glissez les pointes métalliques vers l'intérieur.

8 Enfilez trois perles rondes sur les extrémités du cure-pipe central et faites-les remonter aussi haut que possible. Elles doivent venir se placer entre et sous les bras pour former le torse.

9 Écartez les pointes du cure-pipe central pour former les jambes. Enfilez sept perles triangulaires sur chaque jambe en les faisant remonter aussi haut que possible.

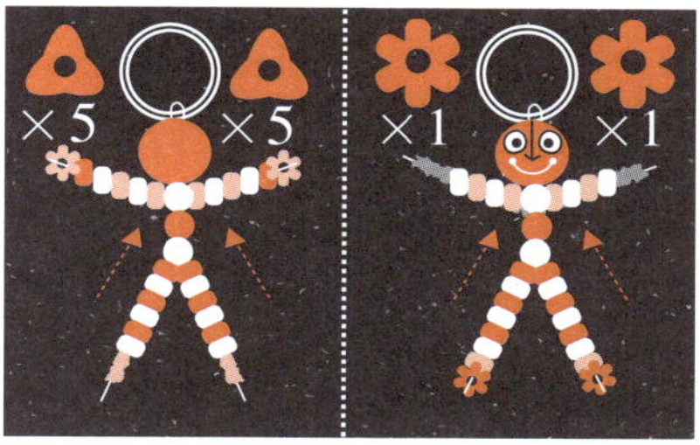

10 Enfilez une perle flocon au bout de chaque jambe, plaquez-la bien contre les autres et fixez le tout en enroulant le cure-pipe autour des branches. Là encore, coupez ce qui dépasse et glissez les pointes métalliques vers l'intérieur.

11 Décorez le visage à l'aide d'autocollants ou à la peinture. Collez de petits morceaux de fil sur la tête pour les cheveux.

Créer un tableau en perles à repasser

Quand vos petits-enfants auront cessé de tout porter à leur bouche et auront acquis un assez bon sens de la coordination – soit vers cinq ans –, n'hésitez pas à investir dans un lot de perles à repasser, que vous garderez toujours à portée de main. Il s'agit de minuscules perles colorées que les enfants disposent minutieusement sur des tableaux perforés spéciaux, pour dessiner toutes sortes de formes, d'animaux, de fleurs ou d'étoiles. Lorsque le dessin est terminé, un adulte chauffe les perles au fer à repasser pour les faire fondre, immortalisant ainsi ce trésor miniature. La réalisation de ces tableaux en perles à repasser peut prendre des heures, ce qui en fait une activité idéale pour les après-midi pluvieux.

Ce qu'il vous faut :

- ★ Des perles à repasser vendues en pots ou en kits
- ★ Des tableaux perforés
- ★ Une ou deux feuilles de papier sulfurisé (découpez des carrés assez grands pour couvrir l'ensemble du dessin.)
- ★ Un fer à repasser

1 Débarrassez une table et installez-y les enfants. Ils auront besoin d'un grand plan de travail pour ne pas se gêner mutuellement.

2 Versez les perles dans des bols individuels pour que les enfants puissent y accéder facilement, sans bousculer les tableaux des autres.

3 Laissez-les remplir leur tableau tranquillement. Ils doivent recouvrir entièrement le tableau pour que chaque perle puisse fusionner avec celle d'à côté.

4 Lorsqu'un tableau est terminé, transférez-le délicatement sur un support stable et résistant à la chaleur, pour le repasser. Les plans de cuisine en granit se prêtent bien à cet usage, mais si vous n'en avez pas une planche à repasser fera l'affaire.

5 Faites chauffez le fer à température moyenne ou élevée. Dites bien aux enfants qu'ils ne doivent pas jouer autour du fer lorsqu'il est chaud.

6 Posez délicatement le papier sulfurisé sur les perles et le tableau et repassez lentement. Le premier contact doit être ferme et sans à-coup. Les perles se mettront à fondre instantanément. Si vous retirez le fer trop tôt, vous risquez d'arracher les perles, aussi faites glisser le fer lentement sur toute la surface du papier protégeant le dessin. Au bout de trois à cinq minutes, soulevez lentement le papier sulfurisé pour contrôler le résultat. Les perles devraient avoir fondu et fusionné, bouchant presque tous les trous.

7 Laissez le tableau refroidir quelques instants, puis décollez soigneusement les perles fondues du tableau perforé.

8 Retournez le dessin de perles et posez-le directement sur le plan de repassage. Couvrez avec une feuille de papier sulfurisé et repassez le tout, comme vous venez de le faire côté face.

9 Attendez que le chef-d'œuvre ait complètement refroidi avant de le rendre à l'enfant.

La tarte crumble aux pommes, c'est du gâteau !

L'idée de confectionner une tarte crumble aux pommes a de quoi en effrayer plus d'un. Mais pourquoi ? À cause de la pâte à tarte, évidemment. La bonne nouvelle, c'est que même si vous n'êtes pas une fée du rouleau à pâtisserie, vous pouvez préparer une succulente tarte aux pommes maison avec vos petits-enfants, grâce aux fonds de tarte prêts à l'emploi. Vous pourrez ainsi servir votre création à toute la famille, accompagnée de crème glacée, sans avoir à rougir lorsque vous direz que c'est le genre de pâte qu'il ne faut pas trop « travailler ». Voici donc une recette maison simple, que vos petits-enfants prendront plaisir à réaliser et à déguster.

Ce qu'il vous faut pour la tarte :

- ★ Un fond de tarte surgelé de 23 cm de diamètre ou un rouleau de pâte brisée
- ★ 220 g de sucre
- ★ 2 c. à café de farine
- ★ 1 pincée de noix muscade moulue
- ★ 2 pincées de cannelle
- ★ 6 pommes pelées et finement coupées
- ★ Du crumble (voir la recette ci-contre).

1 Préchauffez le four à 220 °C.

2 Attendez que le fond de tarte ait légèrement décongelé et piquez-le avec une fourchette, ou déroulez une pâte toute prête, tapissez-en le moule et piquez-la. Passez au four pendant 5 minutes.

3 Mélangez le sucre, la farine, la noix muscade et la cannelle.

4 Ajoutez les tranches de pomme au mélange sucré.

5 Placez délicatement les pommes sur le fond de tarte.

6 Couvrez le tout de crumble (voir la recette ci-dessous).

Ce qu'il vous faut pour le crumble :

- ★ 110 g de cassonade bien tassée
- ★ 4 c. à soupe de beurre légèrement ramolli coupé en morceaux
- ★ 40 g de farine
- ★ Une pincée de cannelle

1 Mélangez à la fourchette, pour obtenir des morceaux de la taille d'un petit pois. Vos jeunes assistants pourront faire ce travail avec les doigts !

2 Répartissez le crumble à la main sur la tarte et tassez légèrement pour en recouvrir toutes les pommes.

3 Posez la tarte sur une plaque à pâtisserie pour protéger votre four en cas de débordement.

4 Enfournez et laissez cuire 40 minutes ou jusqu'à ce que les pommes soient tendres et le crumble doré à souhait.

Secret des grands-parents

Pensez à feuilleter *Une cuisine grande comme le monde* de A. Serres et Zaü (éditions Rue du monde) avec vos petits-enfants. Ce très beau livre de cuisine leur donnera, à coup sûr, le goût de voyager avec leurs papilles, à travers les saveurs du monde entier.

Les dix meilleurs en-cas de tous les temps

Il est toujours bon d'avoir un paquet de bretzels, de biscuits salés, ou du fromage pour faire patienter les enfants avant l'heure du repas. Mais voici dix suggestions d'en-cas inventifs, pour ceux et celles qui ont envie de sortir des sentiers battus.

Numéro 1 : Pizza sur petit pain rond ou muffin à l'anglaise

Ce qu'il vous faut :

- ★ Des muffins à l'anglaise ou des petits pains ronds (une moitié par enfant)
- ★ De la sauce pour pizza (1 à 2 c. à soupe par enfant)
- ★ De la mozzarella (environ 2 c. à soupe par enfant)

1 Faites légèrement griller les muffins ou les petits pains.

2 Posez-les sur un petit plateau.

3 Étalez la sauce à pizza dessus et surmontez de petits morceaux de mozzarella.

4 Enfournez sous le gril à 180 °C et laissez cuire pendant 8 à 10 minutes ou jusqu'à ce que le fromage soit fondu et se mette à faire des bulles.

Numéro 2 : Brochettes de fruits

Ce qu'il vous faut :

★ Des piques à brochettes en bois (2 par enfant)

★ Du melon, des pommes, des poires, du raisin et des fruits rouges (environ 6 morceaux de fruit par brochette)

1 Lavez les fruits et coupez-les en petites bouchées.

2 Embrochez les morceaux de fruit sur les piques en bois. Laissez un espace libre en bas des brochettes pour permettre aux enfants de bien les tenir.

Secret des grands-parents

Si vous remplacez les fruits par des légumes : dés de concombre, tomates cerises, olives et une feuille de laitue, vous obtiendrez une brochette de salade grecque !

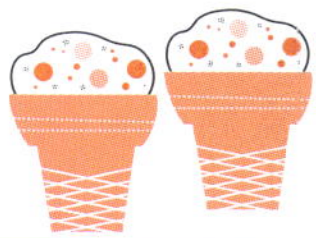

Numéro 3 : Sandwichs en cornet

Ce qu'il vous faut :

★ Des gaufres en cornet à fond plat (1 par enfant)

★ Du poulet, des œufs durs ou de la salade de thon (l'équivalent d'une petite louche par cône)

1 Versez l'équivalent d'une petite louche de salade (ou plus) dans chaque cône. Cet en-cas peut occasionnellement faire office de repas, pour un déjeuner qui sort de l'ordinaire.

Numéro 4 : Cornets de gâteau

Ce qu'il vous faut :

- ★ 1 sachet de préparation pour gâteau
- ★ 24 gaufres en cornet à fond plat
- ★ 2 plaques de 12 moules à muffins
- ★ 1 sachet de glaçage
- ★ Du vermicelle de pâtisserie

1 Préchauffez le four et préparez la pâte à gâteau en suivant les indications inscrites sur l'emballage.

2 Posez les cornets dans les moules à muffins, puis remplissez-les délicatement de pâte à gâteau.

3 Enfournez les plaques en vérifiant qu'elles sont adaptées aux dimensions du four et faites cuire le tout en suivant les indications notées sur l'emballage.

4 Laissez refroidir.

5 Une fois que les cônes ont complètement refroidi, garnissez-les de glaçage et de vermicelle, comme des cônes glacés.

Numéro 5 : Gâteaux secs au chocolat

Ce qu'il vous faut :

★ 350 g de pépites de chocolat

★ Des petits gâteaux secs avec de jolies formes (2 ou 3 par enfant)

★ Du vermicelle de pâtisserie

1 Faites fondre les pépites de chocolat au four à micro-ondes à mi-puissance, dans un plat adapté. Vous pouvez également les faire fondre au bain-marie, en remuant doucement, pour obtenir une consistance homogène.

2 Versez le chocolat fondu dans un bol froid, pour que les enfants puissent le manipuler.

3 Versez le vermicelle dans une assiette creuse.

4 Posez une feuille de papier sulfurisé sur une plaque à pâtisserie ou un plateau de taille équivalente.

5 Chacun leur tour, les enfants trempent les gâteaux dans le chocolat fondu puis dans le vermicelle.

6 Posez les gâteaux sur le papier sulfurisé, laissez refroidir et régalez-vous !

Secret des grands-parents

Lorsque vos petits-enfants maîtriseront l'art du trempage, vous pourrez l'appliquer aux biscuits, aux crackers, aux fruits secs, aux bananes… En bref, avec tout ce qui s'accorde avec le chocolat.

Numéro 6 : Barquettes de coccinelles

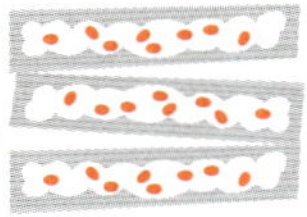

Ce qu'il vous faut :

- ★ 1 botte de céleri lavée
- ★ 225 g de fromage frais
- ★ 225 g de raisins secs

1 Séparez les branches de céleri et coupez-les en tronçons de 7 à 10 cm. Débarrassez-vous des restes. Chaque branche devrait donner deux barquettes.

2 À l'aide d'un couteau à beurre, garnissez généreusement les branches de céleri de fromage frais.

3 Saupoudrez de raisins secs. Il ne vous reste plus qu'à déguster cet en-cas croquant et coloré !

Secret des grands-parents

Vous pouvez varier les saveurs en remplaçant le fromage frais par du beurre de cacahouète et les raisins secs par des fruits rouges séchés ou tout autre fruit séché coupé en petits morceaux.

Numéro 7 : Casse-croûte sans croûte

Ce qu'il vous faut :

- ★ Du pain de mie
- ★ Tout ce qui peut s'étaler sur du pain : confiture, miel, fromage frais, beurre de cacahouète, pâte à tartiner au chocolat…
- ★ Des emporte-pièces

1 Ces casse-croûte se préparent comme n'importe quels sandwichs. Laissez vos petits-enfants les garnir de leurs ingrédients préférés, et leur donner la forme de leur choix, à l'aide des emporte-pièces. Gardez les croûtes et les morceaux de mie sans garniture pour nourrir les oiseaux dans le jardin.

Numéro 8 : Smoothies des tropiques

Ce qu'il vous faut :

- ★ Des fruits rouges frais ou surgelés (une poignée par gobelet)
- ★ Une banane
- ★ Du yaourt nature ou à la vanille (225 g par gobelet)
- ★ Des glaçons
- ★ Du lait ou du jus de fruit, en fonction de la consistance désirée

1 Versez tous les ingrédients dans un mixeur.
Vous pouvez faire participer vos petits-enfants, ils adorent.

2 Refermez le couvercle et mixez le tout.

3 Servez dans des gobelets, sans oublier la paille fantaisie et le petit parasol.

Numéro 9 : Bâtonnets glacés à l'orange

Ce qu'il vous faut :

- ★ Une brique de jus d'orange à base de concentré
- ★ 350 g de tofu soyeux
- ★ 50 cl de lait de soja nature
- ★ Un moule à glace en plastique ou en silicone (pour 8 à 12 glaces) et des bâtonnets

1 Mélangez tous les ingrédients dans un mixeur ou au batteur électrique.

2 Versez le mélange dans les moules à glace, plantez-y les bâtonnets et placez au congélateur jusqu'à ce que les glaces durcissent, environ 4 à 5 heures.

3 En attendant, s'il vous reste un peu de mélange, vous pouvez le déguster en guise de rafraîchissement !

Numéro 10 : La coupe glacée

Ce qu'il vous faut :

★ De la glace à la vanille, au chocolat ou à la fraise, au choix

★ Des pépites de chocolat, des éclats de cacahouète, des miniguimauves, des M&M's, des cacahouètes, des éclats de biscuit, de la crème Chantilly, des cerises…

★ De la sauce parfum chocolat, caramel, fraise ou guimauve

1 Emmenez les enfants au supermarché. Laissez-les fouiller les rayons à la recherche d'ingrédients. Il n'y a qu'une règle et elle est très simple : il faut que ces ingrédients s'accordent avec la glace.

2 De retour à la maison, préparez des bols de glace. Disposez toutes les garnitures sur la table dans des bols individuels, avec des cuillères, et laissez tout le monde se servir.

3 Conseillez aux enfants de verser le sirop en premier, puis les ingrédients secs et de terminer par la crème Chantilly, surmontée d'une cerise. Qu'importe la façon dont ils s'y prennent. L'important, c'est que ce soit bon !

Secret des grands-parents

Pour stimuler créativité des enfants, transformez cette activité en un concours culinaire dont vous serez le juge. La meilleure coupe glacée se verra décerner une médaille d'or.

Le pêle-mêle en 3D des bons moments

Y a-t-il une plage où vous allez régulièrement avec vos petits-enfants ? Celle à laquelle vous rêvez pendant les longues soirées d'hiver ? Ou encore un repas de famille annuel que vos petits-enfants aimeraient se rappeler les 364 autres jours de l'année ? Un après-midi au parc que vous souhaiteriez revivre de temps à autres ? Pour immortaliser ces événements du quotidien, fabriquez un pêle-mêle retraçant ces moments précieux en compagnie de vos petits-enfants.

Ce qu'il vous faut :

- ★ Une boîte à chaussures ou tout type de boîte pouvant tenir sur son côté (avec une base d'au moins 35 cm de long)
- ★ Des petits accessoires
- ★ Un tube de colle ou un pistolet à colle
- ★ De la peinture lavable, les cinq couleurs primaires

1 Choisissez la scène à reconstituer. Si vous ne trouvez pas de vacances, de fête ou de journée spéciale à retracer, mais que vos petits-enfants ont une passion pour les animaux ou les dinosaures, par exemple, construisez la scène autour de ce thème. Vous pouvez aussi reproduire une scène tirée d'un livre que vous avez aimé lire ensemble.

2 Demandez aux enfants de faire une liste ou un dessin des éléments qui constitueront le pêle-mêle : le sol, le mobilier,

les personnages ainsi que tous les détails caractéristiques de la scène.

3 Rendez-vous ensemble dans un magasin de loisirs créatifs et achetez des objets miniatures pour maisons de poupées. Vous pouvez aussi fabriquer ces accessoires vous-mêmes : les petits supports en plastique posés sur les pizzas à emporter, pour empêcher le couvercle de la boîte de s'affaisser, peuvent faire office de tables. Les chutes de tissu peuvent servir de nappe ou de rideaux. Allez ramasser du sable sur la plage pour recréer une scène en bord de mer. Laissez courir votre imagination et celle de vos petits-enfants. L'intérêt de cette activité réside en grande partie dans la confection des accessoires.

4 Choisissez le sens d'orientation de la boîte. Mieux vaut généralement la poser sur son côté le plus long et utiliser la base et le fond pour reconstituer la scène. Vérifiez simplement que la boîte tient debout sur une surface plane.

5 Peignez l'intérieur de la boîte. Choisissez une couleur adaptée à la scène : du bleu clair pour un ciel d'été, du vert pour un campement en forêt… S'ils le souhaitent, les enfants peuvent peindre l'extérieur de la boîte pour cacher d'éventuels motifs ou logos.

6 Laissez sécher complètement. Pendant ce temps, laissez les enfants peindre et peaufiner les éléments miniatures et les autres accessoires.

7 Aidez les enfants à reproduire le terrain : utilisez des bouts de ficelle verte pour la pelouse, du sable pour la plage, du velours ou un morceau de tapis pour la moquette et des bâtonnets

de glace pour le parquet. Laissez-les coller ces accessoires sur la base de la boîte.

8 Encouragez les enfants à reconstituer le reste de la scène, en commençant par les éléments principaux les plus volumineux (mobilier, arbres…). Ils compléteront ensuite à l'aide de petites pièces et d'accessoires. Ensuite, proposez-leur de peindre ou de dessiner le décor sur une feuille de papier qu'ils colleront au fond de la boîte. Il vous reste peut-être quelques coquillages de votre dernière excursion en bord de mer. Les enfants peuvent les coller sur la plage miniature. Si le pêle-mêle représente un repas de famille, donnez quelques feuilles de carton ou de papier aux enfants et proposez-leur de dessiner ou de découper les plats, les serviettes, les couverts…

9 Une fois que la scène est terminée, laissez sécher. Choisissez ensemble l'endroit où sera exposé le pêle-mêle. Pourquoi ne pas en faire un élément de décoration permanent dans la pièce où vos petits-enfants dorment lorsqu'ils passent la nuit chez vous ?

Créer une boîte à jeux familiale

Vos petits-enfants trépignent sûrement d'impatience à l'idée de vous rendre visite, mais en arrivant chez vous, rien ne leur fera plus plaisir que de retrouver la boîte à jeux que vous aurez spécialement créée pour eux. Il s'agit d'une boîte ou d'un bac en carton ou en plastique rempli de crayons, de feutres, de petits jouets, d'autocollants, de peinture et même de bandes dessinées, en fonction de l'âge, des goûts et des centres d'intérêt des enfants. Rangez toujours cette boîte au même endroit, pour qu'ils puissent facilement y accéder. Ce sera comme un petit bout de votre maison rien qu'à eux.

1 Vous pouvez acheter une grande boîte de rangement en plastique avec couvercle dans un magasin de fournitures de bureau ou simplement recycler un grand carton. L'idéal est une boîte d'environ 30 × 60 cm, qui pourra contenir une multitude de matériel et sera facile à ranger.

2 Coloriez et décorez la boîte comme bon vous semble, avec des feutres, des lettres découpées ou de la peinture. Vous pouvez la personnaliser avec des inscriptions telles que « Boîte à jeux de Jacob » ou « Boîte à malice de Julie ». Soyez créatif et utilisez les couleurs préférées de vos petits-enfants pour illustrer les activités, les thèmes et les animaux qu'ils aiment. Pour apporter une note vraiment festive, ne lésinez pas sur les paillettes, les autocollants et les photos.

3 À présent, réfléchissez à ce qui promet de garder vos petits-enfants occupés : crayons de couleur, livres de coloriage, autocollants

et albums d'autocollants, jeux d'observation, petits animaux en plastique, livres d'images, pâte à modeler et petites voitures. En fonction des goûts des enfants, pensez à ajouter des petits soldats, des figurines de fées ou de princesses, des minipoupées, des petits kits de Lego et des crayons à paillettes. Les feutres, crayons de couleur et cahiers de dessin plaisent autant aux filles qu'aux garçons.

4 Pendant que vous vaquez à vos occupations quotidiennes, gardez toujours la boîte à jeux à l'esprit. Si vous tombez sur un accessoire intéressant, tel qu'une belle pomme de pin trouvée dans le jardin ou un joli petit prisme exposé dans la vitrine d'un magasin, glissez-le dans la boîte en attendant la prochaine visite de vos petits-enfants. Ils jubileront en découvrant les nouveaux (et les anciens) trésors qu'elle contient !

La maison en gâteaux et bonbons

Qui n'a jamais rêvé de confectionner la maison en pain d'épice ? Cependant, la plupart des gens abandonnent avant même d'avoir commencé. Préparer le pain d'épice, laisser refroidir, tout découper et enfin tout assembler… Cela a de quoi décourager même les grands-parents les plus habiles et les plus motivés. Voici une recette de maison en gâteaux et bonbons d'une facilité déconcertante, à la portée de tous. Vous pouvez la réaliser avec vos petits-enfants pour les fêtes ou pour finir les dernières friandises de Halloween ou de Pâques.

Ce qu'il vous faut :

- ★ Un plateau en carton
- ★ Une poche à douille ou un sac en plastique dont vous aurez coupé un coin
- ★ Des biscuits nature à la farine complète
- ★ 350 g de glaçage à la vanille
- ★ 1,5 kg de friandises assorties : boules de gomme, ours en guimauve, M&M's, pépites de chocolat…

1 Étalez une couche de glaçage sur le plateau, juste assez épaisse pour faire tenir les biscuits debout.

2 Badigeonnez légèrement de glaçage les bords de quatre biscuits et posez-les sur la tranche, pour former les murs de la maison.

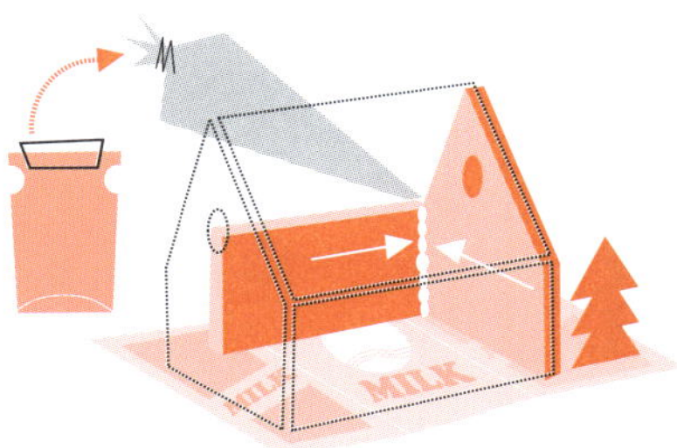

Dans cette recette, le glaçage fera office de « colle ». Vous pouvez aussi « coller » les biscuits sur une petite boîte en carton ou une brique de lait.

3 Coupez un biscuit en deux pièces triangulaires, qui constitueront le faîte de votre maison. Surmontez le tout de deux biscuits, pour former le toit.

4 Laissez les enfants décorer la maison à leur guise, en collant les friandises sur les murs de la maison à l'aide du glaçage. Ils n'auront qu'à appliquer une goutte de glaçage au dos des bonbons pour les fixer sur la paroi en biscuit. Aidez-les à dessiner les fenêtres et les portes.

Ils peuvent également créer une allée menant à l'entrée de la maison. S'ils souhaitent ajouter des détails en couleur, versez quelques gouttes de colorant alimentaire dans le glaçage.

5 Laissez reposer toute la nuit, jusqu'à ce que le glaçage ait complètement séché.

6 Demandez aux enfants où ils souhaitent exposer leur maison en biscuit. Où fera-t-elle meilleure impression ? À la fenêtre, sur la cheminée ou en centre de table ?

Laissez parler les petits papiers

Le papier est un matériau extrêmement répandu, polyvalent et relativement bon marché, qu'il est toujours bon d'avoir chez soi pour proposer divers jeux et activités à ses petits-enfants. Si vous vous retrouvez coincés à l'intérieur par la pluie ou la neige, essayez une de ces activités.

Les guirlandes de papier

Ce qu'il vous faut :

- Une pochette de feuilles de papier A4 de différentes couleurs
- Des crayons de couleur ou de la peinture
- Une agrafeuse ou des bâtons de colle, si les enfants sont trop jeunes pour utiliser une agrafeuse
- Des ciseaux à bouts ronds

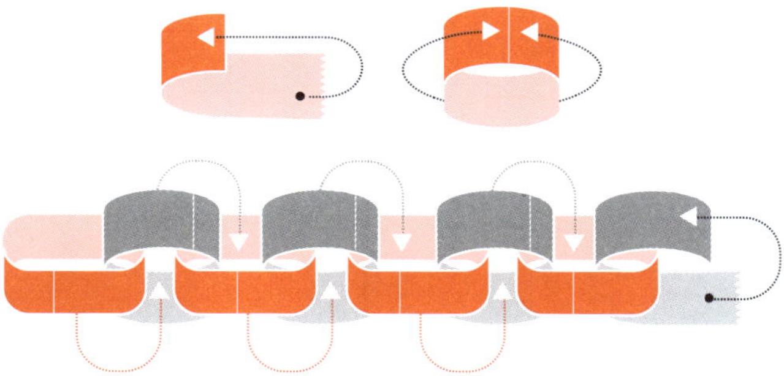

1 Montrez aux enfants comment découper des bandes de papier d'environ 20 × 5 cm. Si les enfants souhaitent colorier ou peindre les bandes de papier, c'est le moment. Au besoin, laissez les bandes sécher avant de passer à l'étape suivante.

2 Les enfants joignent les extrémités de la première bande de papier pour former une boucle, qu'ils referment à l'aide d'une agrafe ou d'un point de colle.

3 Ils prennent alors une autre bande de papier et la font passer à travers la première, pour obtenir deux boucles enchevêtrées. Refermez à l'aide d'une agrafe ou d'un point de colle.

4 Les enfants répètent l'opération jusqu'à obtenir une longue guirlande de papier. Ils peuvent s'en servir pour décorer le sapin de Noël ou la chambre d'ami où ils dorment pendant leur séjour chez vous.

Le chapeau de marin en papier

Ce qu'il vous faut :

- ★ 1 feuille de papier de 50 x 40 cm (si vous ne trouvez pas ce format, prenez une feuille plus grande et découpez-la)

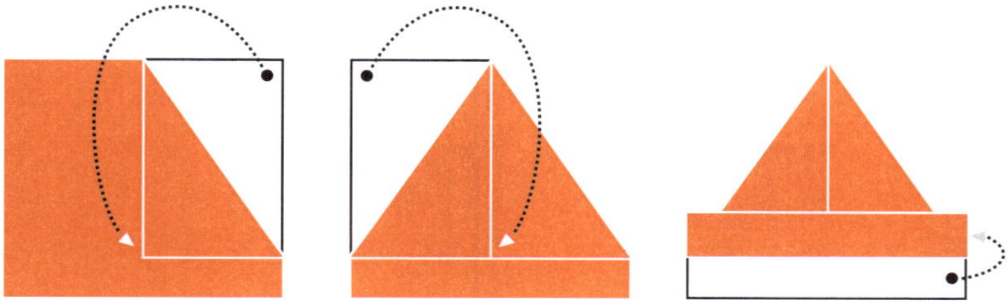

1 Pliez la feuille de papier en deux, dans le sens de la largeur.

2 Tenez la feuille devant vous, pli vers le haut et rabattez le coin supérieur droit vers le centre, en laissant une bande vierge de 3 à 5 cm en bas.

3 Rabattez le coin supérieur gauche vers le centre et alignez-le avec le coin droit.

4 Rabattez la bande de papier vierge vers le haut, en pliant sous les coins rabattus, puis retournez le chapeau et faites de même de l'autre côté.

5 Ouvrez le chapeau, posez-le sur votre tête et hissez les voiles !

L'avion en papier

Ce qu'il vous faut :

- ★ 1 feuille de papier A4

1 Pliez la feuille en deux dans le sens de la longueur.

2 Dépliez la feuille et rabattez les coins supérieurs sur le pli central.

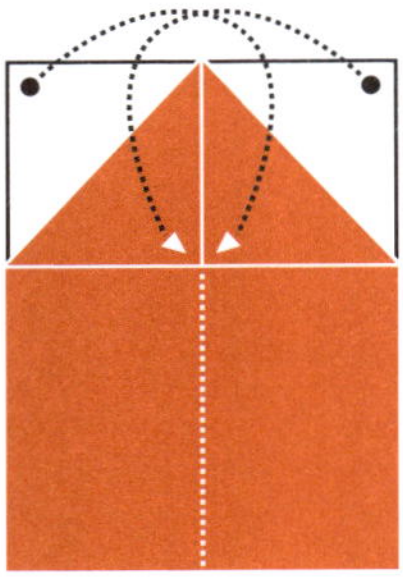

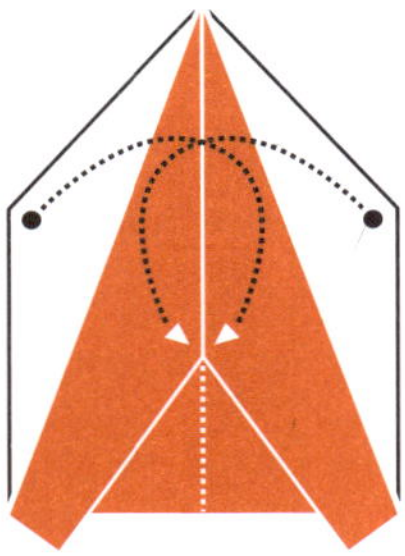

3 Rabattez les deux coins ainsi formés vers le pli central.

4 Pliez la feuille en deux en suivant le premier pli, de façon à former une pointe à l'avant.

5 Tenez l'avion pointe vers l'avant, et rabattez les ailes à l'arrière de l'avion vers le bas. Vous voilà paré au décollage !

Les fleurs en papier

Ce qu'il vous faut :

- ★ Des mouchoirs en papier colorés, une douzaine par fleur
- ★ Des ciseaux à bouts ronds
- ★ Des cure-pipes (1 cure-pipe vert par tige de préférence, mais n'importe quelle couleur fera l'affaire)

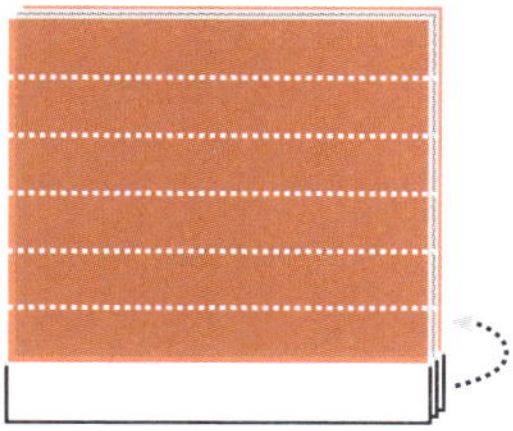
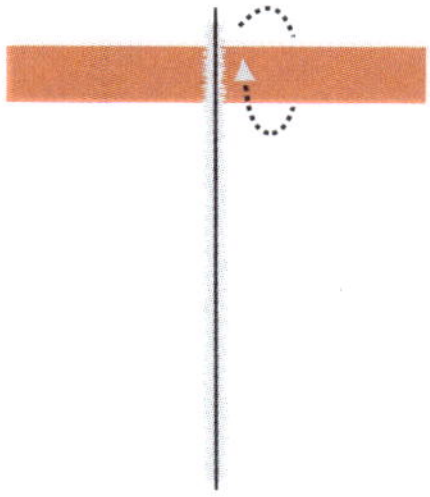

1 Superposez une douzaine de feuilles de mouchoirs en papier (ou plus) d'une même couleur ou de couleurs différentes, selon vos préférences. Découpez le tas de mouchoirs pour en faire un carré d'environ 20 cm de côté.

2 Maintenez les mouchoirs en tas et pliez-les en accordéon : pliez le bord sur lui-même, puis retournez le tas de mouchoirs et faites un pli dans l'autre sens. Continuez ainsi de suite, pour obtenir une fine bande d'environ 2,5 cm de large, ou moins.

3 Posez l'extrémité du cure-pipe au centre de cette bande de papier et enroulez-le autour. La longueur restante constituera la tige. Si vous le souhaitez, vous pourrez allonger la tige en enroulant l'extrémité d'un deuxième cure-pipe autour du premier.

4 Déployez délicatement les couches de mouchoir, pour que chacune forme ses propres pétales.

5 Ébouriffez les pétales, pour cacher l'extrémité de la tige au centre.

6 S'il en a envie, l'enfant peut composer tout un bouquet de fleurs en papier ! Il pourra ensuite l'offrir en cadeau ou les placer dans un vase pour décorer la table.

Scones fondants à l'heure du thé

L'heure du thé marque généralement la fin de l'après-midi, vers 16 heures. *Teatime* comme on l'appelle outre-Manche, est souvent perçu comme une coutume démodée où de vieilles dames endimanchées sirotent des tasses d'eau chaude, le petit doigt en l'air. Mais pourquoi ne pas réinventer cette tradition avec vos petits-enfants ? Proposez-leur d'inviter leurs poupées, leurs ours en peluche, leurs princesses ou leurs héros favoris. Ils peuvent aussi inviter des copains, des voisins ou des membres de la famille. Si vous estimez que c'est sans danger, sortez votre plus belle porcelaine. Sinon, des mugs et des assiettes feront l'affaire.

Scones maison délicieusement fondants

Nul besoin d'être anglo-saxon pour servir des scones… à faire fondre d'envie ses amis, il y a juste un petit secret à connaître : il ne faut pas trop travailler la pâte. Pour le reste, laissez-vous guider et suivez pas à pas la recette ci-dessous.

Ce qu'il vous faut (pour 16 à 20 scones) :

- ★ 690 g de farine
- ★ Une pincée de sel
- ★ 1 c. à café de bicarbonate de sodium
- ★ 2 c. à soupe + 2 c. à café de levure chimique
- ★ 220 g de sucre (+ quelques pincées à saupoudrer avant la cuisson)
- ★ 220 g de beurre mou
- ★ 50 cl de babeurre
- ★ 225 g de pépites de chocolat ou de fruits rouges (framboises, myrtilles, éclats de chocolat ou de biscuits)
- ★ 1 œuf battu dans 12,5 cl de lait

1 Préchauffez le four à 200 °C. Graissez et farinez une plaque à pâtisserie.

2 Mélangez la farine, le sel, le bicarbonate de sodium, la levure et le sucre. Vous pouvez parfaitement confier cette tâche aux enfants, car elle ne comporte aucun risque de brûlure. Mesurez tous les ingrédients secs et mélangez-les.

3 Demandez aux enfants de couper le beurre en cubes avec des couteaux à beurre ou la tranche d'une spatule. Ajoutez délicatement les cubes de beurre au mélange, sans trop travailler la pâte.

4 Ajoutez le babeurre et les pépites ou les fruits rouges. Là encore, ne travaillez pas trop la pâte. Celle-ci doit garder un aspect grumeleux.

5 Renversez la pâte sur une surface légèrement farinée et demandez aux enfants de l'étaler doucement avec un rouleau à pâtisserie ou à la main, pour former un carré d'environ 4 cm d'épaisseur. Quoi que vous fassiez, évitez de trop manipuler la pâte.

6 Déposez délicatement les scones sur la plaque graissée et farinée.

7 Badigeonnez-les du mélange lait-œuf et saupoudrez de sucre.

8 Faites cuire 10 minutes à 200 °C, puis baissez le thermostat à 150 °C et laissez cuire pendant 20 minutes.

L'heure du thé revisitée

1 Pendant que les scones cuisent, demandez aux enfants de choisir le thé. Laissez-les placer les sachets de thé dans la théière.

2 Aidez-les enfants à préparer la table. Pour une ambiance plus raffinée, utilisez des serviettes en tissu. Les enfants peuvent découper des napperons en papier pour décorer la table ou les assiettes de présentation des scones.

3 Si les enfants le souhaitent, vous pouvez revêtir vos tenues d'apparat, des chapeaux fantaisie ou même des capes de superhéros.

4 Quand les scones sont prêts, posez-les sur la table, et versez l'eau chaude pour infuser le thé, mais n'oubliez pas de laisser refroidir avant de le siroter ! Si les enfants préfèrent du chocolat ou même du lait chaud, ne les en privez pas. C'est leur version du *teatime* après tout !

5 Il ne reste plus qu'à se détendre et à bavarder. Si les sujets de conversation viennent à manquer, lisez-leur *Alice au pays des merveilles* de Lewis Carroll (Hachette Jeunesse). Le chapitre « Un thé chez les fous » se prêtera parfaitement à la situation.

Paroles de grands-parents

QUELS SONT LES PLUS BEAUX OU LES PIRES CADEAUX QUE VOUS AYEZ FAITS À VOS PETITS-ENFANTS ?

“J’ai envoyé le plus jeune de mes petits-fils dans un camp de voile pendant les vacances. C’est sa passion !”

Louise, 6 petits-enfants

“Mes témoignages d’amour, de tendresse, d’affection et de compréhension et les valeurs que je leur ai transmises.”

Victor, 3 petits-enfants

“Mes pires cadeaux : les cadeaux salissants (mais ça les a bien amusés !)”

Michel, 3 petits-enfants

“Plus beau cadeau : un iPod. Cela permet à ma petite-fille d’écouter des livres audio pendant qu’elle coud ou qu’elle enfile des perles dans son lit.”

Julie, 4 petits-enfants

“Mes dons artistiques, certains traits de caractère et mon bon sens qui me pousse à toujours aller de l’avant et innover.”

Christine, 3 petits-enfants

“Plus beaux cadeaux : des déguisements, des Lego, des toiles, des pots de peinture et des pinceaux.”

Nadia, 5 petits-enfants

4

Partager et explorer le monde ensemble

Nombre de grands-parents rêvent d'emmener leurs petits-enfants en voyage et d'explorer avec eux des lieux inconnus. Peut-être aurez-vous l'occasion de le faire un jour, mais les pages qui suivent vont vous montrer qu'il y a tant de choses à découvrir près de chez soi que vous n'aurez même pas besoin de prendre l'avion pour laisser libre cours à votre âme d'explorateur.

Pour assouvir votre faim d'aventure, vous pourrez mener une expédition dans l'un des restaurants ethniques de votre quartier. Les plats auront sûrement de quoi surprendre les papilles des plus jeunes, et cela demande beaucoup moins d'organisation que de faire ses bagages et de réserver un hôtel. Vous pourrez explorer le passé, le présent et le futur avec vos petits-enfants grâce au jeu de la machine à remonter le temps, tranquillement installés dans votre salon, ou encore admirer les paysages qui vous entourent lors d'un long trajet à bord d'un train local. Faites aussi connaissance avec votre environnement naturel et celui de vos petits-enfants au cours d'une balade en forêt ou dans le quartier.

« Découverte » et « aventure » sont deux mots que vous devez toujours garder à l'esprit pour passer des moments privilégiés avec eux. Il n'y a rien de tel pour goûter à nouveau au plaisir et à l'émerveillement des expériences nouvelles que de les partager avec un bambin qui se délecte de la moindre excursion en compagnie de papi ou mamie !

Un mélange énergétique pour une expédition en famille

Les enfants adorent mélanger des ingrédients. Si vous n'avez rien de prévu et que la météo est clémente, rassemblez vos petits-enfants pour faire le plein d'énergie et d'aventures.

1 Sollicitez l'aide des enfants pour faire la liste des ingrédients du mélange énergétique. Proposez-leur de mélanger le sucré avec le salé ou le mou avec le croquant et expliquez-leur que certains ingrédients apportent instantanément beaucoup d'énergie tandis que d'autres fonctionnent sur le long terme et les aideront à marcher plus longtemps. Choisissez au moins un ingrédient dans chacune de ces catégories, mais vous pouvez aussi les utiliser tous :

Fruits séchés : myrtilles, ananas, banane, pomme, raisins secs, canneberges

Noix et arachides : cacahouètes, noix de cajou, amandes, noisettes, noix, noix de pécan

Salé : bretzels, biscuits apéritifs, emmental ou gruyère

Sucré : pépites de chocolat, miniguimauves, biscuits au beurre de cacahouète, petits-beurres, M&M's

Croquant : céréales croustillantes ou barres de céréales

2 Emmenez tout ce petit monde au supermarché pour faire le plein de provisions.

3 Une fois que tous les ingrédients sont réunis, versez-les dans un grand saladier. Mélangez le tout à l'aide d'une grande cuillère en bois et versez les portions dans des sachets en plastique avec l'aide des enfants.

4 Fermez les sachets hermétiquement et dites aux enfants de les secouer

Secret des grands-parents

La préparation de ces sachets est une excellente occasion de s'entraîner à compter. Les enfants glisseront douze biscuits dans leur sachet, puis onze pépites de chocolat, dix raisins secs…

en dansant dans la pièce, pour bien mélanger le contenu.

5 Équipez chaque enfant d'un mélange énergétique et d'une petite bouteille d'eau. Vous êtes maintenant parés pour l'aventure. Y a-t-il un parc naturel près de chez vous ? Un chemin de randonnée ? Tenez compte de vos limites et de celles de vos petits-enfants. Vous pouvez tout simplement entreprendre une expédition jusqu'au jardin public le plus proche, pour y déguster ce délicieux mélange énergétique.

Fixer des objectifs

Vos petits-enfants aiment la randonnée ? Organisez-en régulièrement.

1 Commencez doucement et élevez progressivement le niveau : au début, limitez-vous à de courtes distances puis, quand les enfants gagnent en endurance, haussez la barre d'un cran. Sinon, vous risquez de finir avec un enfant épuisé qui refuse d'avancer au bout de un kilomètre de marche.

2 Précisez bien aux enfants la distance que vous allez parcourir et donnez-leur des repères tout au long du parcours, pour qu'ils évaluent ce qu'ils ont déjà fait et ce qu'il leur reste à faire. Ils auront l'impression de mieux contrôler la situation et cela évitera qu'ils se découragent à mi-parcours.

Dix conseils pour une journée au musée ou au zoo

Si vous et vos petits-enfants en avez assez de tourner en rond à la maison et que vous avez envie de vous divertir, une visite au musée, au zoo, à l'aquarium ou tout autre type d'attraction s'impose. Mais ce genre de sortie ne s'improvise pas. Voici dix conseils à suivre pour planifier la journée.

1. Prenez une poussette. Même si votre petit-enfant s'en sert rarement et vous répète qu'il n'est plus un bébé, prenez-la. Vous pourrez toujours vous en servir pour transporter les sacs et autres accessoires. Après des heures passées à admirer les gorilles et les girafes ou les requins et leurs compères aquatiques, l'enfant sera heureux de pouvoir se reposer un peu. Vérifiez cependant que les poussettes sont autorisées sur les lieux de l'exposition.

2. Partez tôt – avant l'heure de la sieste ou du déjeuner, si possible. Pour ne pas finir avec un enfant à bout de forces et grognon, tâchez d'arriver à destination bien avant que la faim et la lassitude ne s'emparent de lui.

3. Sachez exactement où et quand vous allez manger. Y a-t-il un café à côté de la cage des ours ? Une brasserie dans le musée ? Un restaurant sympa à deux pas de l'aquarium ? Quoi qu'il en soit, décidez-vous et mettez-vous d'accord avant de partir. Il n'y a rien de pire qu'un enfant affamé et irritable dans une longue file d'attente que l'on n'avait pas prévue.

4. Si possible, apportez de quoi grignoter et de l'eau. Évitez de vous encombrer, mais un petit sachet de biscuits salés ou sucrés et deux bouteilles d'eau devraient suffire à faire patienter l'enfant jusqu'à ce que vous passiez à table.

5. Repérez les toilettes et faites une pause-pipi à chaque fois que vous en avez l'occasion. Avant de vous plonger dans la visite, étudiez la carte du site afin de savoir où se trouvent les toilettes les plus proches, au cas où quelqu'un aurait une envie pressante. Chaque fois que vous passez devant des toilettes, encouragez l'enfant à y faire un tour.

6. La sécurité d'abord : ne perdez jamais l'enfant de vue. Vous pouvez emmener vos petits-enfants de sexe opposé aux toilettes avec vous tant qu'ils sont encore jeunes. Cependant, si cela vous met mal à l'aise ou si vous sentez que cela risque de gêner certains visiteurs, laissez l'enfant aller seul aux toilettes. Restez à l'entrée et tendez l'oreille.

7. Avant d'entrer, déterminez s'il s'agit d'un jour avec ou sans cadeau. Beaucoup d'expositions débouchent directement sur la boutique de souvenirs du site. C'est ainsi que de beaux après-midi s'achèvent sur de grosses crises de colère, après que l'enfant s'est vu refuser un puzzle hors de prix. Si c'est un jour avec cadeau, fixez une limite de prix. Si c'est un jour sans cadeau, dites à l'enfant à quelle occasion il pourra s'attendre à recevoir un petit quelque chose (son prochain anniversaire ou la prochaine fête), afin qu'il puisse reporter son attente.

8. Dès votre arrivée, choisissez ce que vous allez voir. Laissez chaque enfant choisir une destination. Ces étapes constitueront vos objectifs principaux pour la journée.

9. Restez groupés, mais ayez un plan de secours au cas où quelqu'un se perdrait. Montrez aux enfants où se trouvent les agents de sécurité et dites-leur de s'adresser à eux, *jamais* à un étranger, s'ils se perdent. Si l'enfant est en âge de lire et de comprendre les panneaux, fixez-lui un point de rendez-vous précis. Si vous perdez l'enfant de vue quelques instants, inspirez profondément et observez attentivement les alentours. Il y a de grandes chances qu'il se trouve juste derrière la personne qui vous bouche la vue.

10. Partez tant que tout le monde s'amuse encore. Vous échapperez ainsi aux coups de pompe, aux caprices, aux retours à la voiture en catastrophe et vous serez d'autant plus impatient d'organiser une autre sortie.

Dîner en ville avec des enfants : guide de survie

Emmener ses petits-enfants au restaurant relève parfois du parcours du combattant. Les enfants ont du mal à tenir en place, ils sont souvent difficiles. Mais ce n'est pas une raison pour se rabattre sur les chaînes de restauration rapide. Passé huit ans environ, les enfants sont capables d'apprécier un repas au restaurant. Vous pouvez les emmener dans un restaurant plus élégant que ceux auxquels ils sont habitués, afin de leur montrer votre ville natale ou d'explorer le monde au travers de nouvelles expériences culinaires. Voyager en Inde avec un enfant de huit ans peut se révéler compliqué, mais en goûtant des *puri* cuits à la vapeur au restaurant indien, il découvrira un nouvel éventail de saveurs et sera fasciné par cet univers si éloigné du sien. Voici quelques conseils pour que les repas au restaurant restent un plaisir partagé, quel que soit l'âge de vos petits-enfants :

- Repérez les restaurants équipés pour accueillir les jeunes enfants, en vérifiant s'ils disposent de chaises hautes et de rehausseurs. Même certains restaurants très chics se feront un plaisir de vous préparer une chaise haute. Il suffit de demander. Alors n'hésitez pas à les appeler avant d'y aller.
- Cherchez un restaurant assez spacieux, proposant un endroit où vous pourrez facilement vous isoler (comme le hall d'un hôtel ou une librairie) si les enfants craquent avant la fin du repas.
- N'oubliez pas les tasses à bec et les biberons pour les plus jeunes.
- Si le menu ne propose rien d'adapté aux enfants, demandez au serveur si le chef peut leur préparer quelque chose de simple. Généralement, quand un restaurateur dispose de chaises hautes, il ne voit pas d'objection à servir une simple assiette de pâtes ou de poulet grillé. Au besoin, faites quelques suggestions.

- Mieux vaut avoir plus d'un tour dans son sac. Nous avons quelques suggestions pour cela, mais évitez d'emporter des objets trop volumineux, ou vous risquez de ne plus avoir de place pour manger !

KIT DE SURVIE POUR REPAS AU RESTAURANT

Pour votre prochaine excursion au restaurant avec vos petits-enfants, pensez à emporter :

- Des livres de coloriage, des autocollants, des feuilles de papier vierges, des feutres et des crayons de couleur
- De petits kits de Lego ou des minipuzzles
- Un livre à lire à l'enfant en attendant les plats
- Un jeu de cartes
- Des sucettes (en dernier recours)

La Petite Souris

Si vous devez garder votre petit-enfant pendant plusieurs jours et qu'il arrive avec une dent qui bouge, demandez (discrètement) à ses parents comment ils gèrent le rituel de la Petite Souris. Cette Petite Souris a-t-elle un nom ? Une histoire ? Offre-t-elle de l'argent ? Un jouet ? Un message ? Respectez leurs positions et évitez la surenchère. Si vous donnez 20 euros, par exemple, à un enfant qui vient de perdre une dent, comment feront les parents pour maintenir le niveau la prochaine fois ?

Si la dent se met à bouger après le départ des parents, demandez à l'enfant ce que la Petite Souris lui apporte en général. S'il vous répond sur un ton malicieux qu'elle lui offre plein de jeux vidéo, par exemple, c'est probablement qu'il a compris le manège et ce n'est plus vraiment la peine d'entretenir le mystère.

N'arrachez *jamais* la dent de l'enfant, même s'il vous en supplie. Laissez le temps faire les choses et, si la dent tombe avant le retour des parents, voici comment vous y prendre :

1 Glissez immédiatement la dent dans un sachet ou une enveloppe.

2 À l'heure du coucher, placez la dent sous l'oreiller de l'enfant, en sa présence. Faites en sorte qu'elle reste accessible, pour que vous puissiez la récupérer facilement plus tard.

3 Attendez que l'enfant soit profondément endormi (et tâchez de ne pas vous endormir avant lui !).

4 Une fois que l'enfant dort, récupérez la dent et déposez votre cadeau à la place. Cachez la dent dans un endroit sûr, en attendant de pouvoir la confier aux parents de l'enfant.

En ce qui concerne le cadeau de la Petite Souris, conformez-vous aux choix des parents :

- S'il vous est demandé de faire simple en glissant quelques centimes sous l'oreiller de l'enfant, faites-le.
- S'ils ont pour habitude de laisser un petit message, pensez à maquiller votre écriture, pour que l'enfant ne la reconnaisse pas. Si vous n'y arrivez pas et que vous êtes droitier, essayez d'écrire de la main gauche. Vous pourrez toujours lui dire que la Petite Souris s'est cassé un doigt en essayant de soulever une très grosse dent et que c'est pour ça qu'elle a si mal écrit.
- Si vous souhaitez vraiment marquer le coup, laissez un message précisant que vous êtes la Petite Souris locale et que vous remplacez la Petite Souris habituelle. Cela permettra aux parents de reprendre le cours normal des choses au prochain passage de la Petite Souris.

Les pouvoirs magiques de la poudre de Souris

Si vous souhaitez faire un cadeau original mais que vous manquez d'idées, la poudre de Souris est peut-être la solution idéale.

Ce qu'il vous faut :

★ Des paillettes, dorées ou plutôt argentées

★ Des fleurs séchées : lavande, petites feuilles...

★ Un sachet en plastique

★ Un ruban

1 Versez les paillettes et les fleurs séchées dans le sachet.

2 Fermez le sachet à l'aide du ruban et glissez le tout sous l'oreiller de l'enfant. Le lendemain, tout le monde aura le droit de faire un vœu !

Quatre astuces pour rester en contact avec ses petits-enfants

Ce n'est pas facile de vivre loin des personnes que l'on aime, en particulier des plus jeunes, qui ne cessent de changer et de grandir. Un jour, ils se déplacent à quatre pattes, et à votre prochaine visite, voilà qu'ils marchent déjà. Voici quelques conseils pour tenter de compenser la distance qui vous sépare.

Astuce n° 1 : faites-vous la lecture

Vous pouvez lire ensemble votre livre préféré par téléphone, mais cela peut avoir un coût non négligeable. Pensez plutôt à enregistrer un livre sur support audio. Vos petits-enfants pourront ainsi écouter vos enregistrements pendant les trajets en voiture. Quoi qu'il en soit, ce sera un excellent moyen pour eux d'entendre régulièrement votre voix. Quand ils commenceront à lire, ils auront peut-être envie eux aussi d'enregistrer leur livre et de vous l'envoyer. Vous pouvez même enregistrer un chapitre du même livre chacun votre tour et vous les envoyer.

1 Rendez-vous à la bibliothèque et choisissez un livre que l'enfant aime bien ou un livre que vous aimiez étant petit.

2 Lisez le livre à voix haute et enregistrez-vous à l'aide d'un appareil de bonne qualité. Assurez-vous d'abord que les parents de l'enfant ont un matériel adapté pour écouter l'enregistrement.

3 Étiquetez les enregistrements et envoyez-les par colis spécial, personnellement adressé à l'enfant, ou par Internet.

Astuce n° 2 : inventez des itinéraires

1 À la prochaine visite de l'enfant, donnez-lui une carte montrant tous les itinéraires possibles entre votre maison et la sienne.

2 Tracez différents itinéraires et imaginez les sites majeurs que vous pourriez croiser en chemin : les châteaux de la Loire ? Le Mont-Saint-Michel ? La tour Eiffel ? En faisant un crochet par le Sud, passeriez-vous sur le pont d'Avignon ? Le viaduc de Millau ?

3 Repérez ces sites touristiques avec des pastilles autocollantes et laissez l'enfant repartir avec la carte. Vous en apprendrez tous les deux un peu plus sur la géographie de votre pays et vous pourrez être sûr qu'il pense à vous, même quand vous n'êtes pas là.

4 La prochaine fois que vous l'aurez au téléphone, n'oubliez pas de lui demander devant quels sites il est passé sur le chemin du retour.

Astuce n° 3 : créez un blog

Les blogs familiaux sont un moyen facile et rapide de rester en contact et de se tenir au courant des dernières nouvelles. Rendez-vous sur le site www.blogger.com, et laissez-vous guider pas à pas. Si l'enfant sait déjà lire, écrire et se servir d'un ordinateur, il pourra accéder à votre page autant de fois qu'il le voudra – avec l'autorisation de ses parents, bien sûr –, et y ajouter des photos, des remarques et les derniers faits marquants de sa vie. S'il est encore trop jeune, ses parents peuvent écrire et mettre le blog à jour à sa place.

Astuce n° 4 : discutez de l'actualité

Tant que l'enfant ne saura pas lire, ses parents et vous-même ferez sûrement tout pour lui cacher toutes les horreurs qui font la une des journaux, mais vous aurez tout de même bien du mal à le tenir éloigné des informations radiophoniques et télévisées. À partir du moment où l'enfant apprend à lire, à aller sur Internet, il n'y a plus rien à faire.

Trouvez un événement ou un sujet intéressant que vous pouvez tous les deux suivre dans la presse : les prochaines élections nationales, l'écologie ou un cas de sécheresse entraînant la famine quelque part dans le monde. Choisissez un thème assez important, dont la presse se fera le relais. Ce thème ne sera peut-être pas abordé tous les jours, mais cela encouragera l'enfant à éplucher le journal. Et même le fait que la presse n'en parle pas peut vous fournir un bon sujet de discussion.

Chaque semaine, contactez-vous par e-mail ou par téléphone pour parler de ce que vous avez lu.

Voyager dans le temps avec ses petits-enfants

La différence d'âge entre vous et vos petits-enfants est une vraie richesse. Entre votre naissance et celle de vos premiers petits-enfants, le monde a été témoin de grandes révolutions technologiques, politiques et sociales. Les objets du quotidien de vos petits-enfants (la télévision, les ordinateurs, les jeux vidéo…) ne faisaient pas partie du vôtre à leur âge. Parler du passé à la jeune génération suscite généralement un émerveillement indicible.

Voici un jeu très simple, qui ouvrira des portes à la fois sur le passé et sur le présent, et permettra à vos petits-enfants de vous apprendre deux ou trois choses sur le monde tel qu'ils le connaissent.

Le jeu du passé, présent, futur

Votre « machine à remonter le temps » se composera d'un simple cadran à aiguille, que vous pouvez fabriquer vous-même.

Ce qu'il vous faut :

- ★ Une feuille de papier cartonné souple A4
- ★ Une feuille de papier blanc format A4
- ★ De la colle
- ★ Une attache parisienne

1 Découpez un disque de papier blanc de 15 à 17 cm de diamètre et collez-le au centre de la feuille cartonnée.

2 À l'aide de feutres, divisez le disque en trois quartiers égaux, intitulés PASSÉ, PRÉSENT et FUTUR.
Les enfants peuvent décorer les bords du carton et le cadran comme ils l'entendent.

3 Découpez une flèche dans les chutes de papier blanc. La queue de la flèche doit être assez large pour y fixer l'attache parisienne. Laissez les enfants colorier la flèche, pour qu'elle ressorte bien.

4 Fixez l'aiguille au centre du cadran à l'aide de l'attache parisienne. Ne serrez pas trop, vous devez pouvoir déplacer l'aiguille sur les quartiers PASSÉ, PRÉSENT ou FUTUR du bout du doigt.

Maintenant, jouons !

1 Tout le monde s'assoit par terre en cercle. On commence en plaçant l'aiguille sur le quartier PASSÉ.

2 Tamisez la lumière et demandez à tous les joueurs de fermer les yeux pendant que vous racontez comment était la vie quand vous aviez leur âge. Décrivez ce que vous mangiez, l'école où vous alliez, les jeux auxquels vous jouiez, les lieux que vous avez visités et les moyens de locomotion qu'utilisaient vos parents. Aviez-vous une télé couleur ? Aviez-vous une télé, tout court ? Votre famille avait-elle une ligne téléphonique partagée ou privée ? Que se passait-il dans le pays à l'époque ? Qui était Président ? Que se passait-il dans le monde ? Quel est le premier événement historique dont vous vous souvenez et comment en avez-

vous été informé ? Laissez les enfants poser autant de questions qu'ils le souhaitent, car ces sujets ne manqueront pas d'éveiller leur curiosité.

3 Passez ensuite la parole à l'enfant assis à votre droite. Il peut faire tourner l'aiguille ou la poser directement sur le quartier de son choix. Par exemple, il peut la poser sur PRÉSENT, pour parler de toutes les choses de son époque, des ordinateurs aux SMS, en passant par les DVD.

4 Chaque enfant choisit une période à tour de rôle et la décrit en détail. La catégorie FUTUR permet à chacun d'imaginer comment sera la vie dans cinquante ans, quand vos petits-enfants seront grands-parents à leur tour !

Prendre le train ou le bus

Les enfants sont souvent fascinés par tous les moyens de transport, et vos petits-enfants ne font sûrement pas exception à la règle. S'ils ont déjà fait de nombreux trajets en voiture, ils se réjouiront à l'idée d'essayer un autre moyen de transport. Organisez une sortie en train ou en bus ou tout autre véhicule que l'enfant n'a jamais pris. Vous considérez peut-être qu'il n'y a rien de plus banal, mais en voyant cela à travers les yeux de votre petit-fils ou petite-fille, vous vous rappellerez toute la magie que dégagent ces engins mécaniques.

Toutes les villes ne disposent pas d'une gare, mais elles sont presque toujours desservies par des lignes de bus. Si vous avez la chance de disposer des deux, vous pouvez prendre le bus au matin et revenir en train. Rappelez-vous que ce n'est pas la destination qui compte, mais le trajet. Rendez-vous en bus ou en train dans une autre ville, pour visiter le parc ou la bibliothèque… ou arrêtez-vous simplement à la gare. Déjeunez et rentrez.

Trouvez un plan détaillant le trajet que vous allez effectuer. Emportez de quoi boire et grignoter. Laissez-le payer son billet. Il prendra plaisir à tendre l'argent au chauffeur de bus ou au guichetier, ou à utiliser la machine qui délivre les billets. Il pourra également garder les billets compostés en souvenir de ce voyage pas comme les autres.

Profitez du voyage. Essayez de vous asseoir à l'avant et demandez au chauffeur ou au contrôleur de montrer à votre petit-enfant les boutons et les cadrans spéciaux qui permettent de contrôler le véhicule. Laissez l'enfant appuyer sur le bouton d'arrêt du bus ou écouter les messages signalant que vous êtes arrivés à destination.

Activités à risque : quand lever le pied

Il est possible, et même probable, que vous atteigniez le sommet du phare que vos petits-enfants ont toujours voulu visiter, bien que vos genoux vous fassent souffrir dernièrement et que vous vous sentiez plus essoufflé que d'habitude. Mais avant d'entreprendre ce genre d'activités physiques avec vos petits-enfants, sachez évaluer vos limites et restez prudent. Il serait dommage de devoir couper court à la grande aventure que vous leur avez promise parce que vous êtes à bout de forces. La liste d'activités ci-dessous vous indique quand lever le pied et les risques à prendre en compte en planifiant votre prochaine aventure en famille.

Les phares : il y a généralement beaucoup de marches à monter avant d'atteindre le sommet d'un phare et de pouvoir admirer la vue. Vérifiez toujours la hauteur et la raideur des escaliers. Non seulement pour vous, mais aussi pour les plus jeunes enfants du groupe.

Les pédalos et les bateaux à rames : si vos petits-enfants sont encore jeunes, vous serez probablement le seul à ramer. Alors renseignez-vous sur les courants et la distance à parcourir. Ramer seul peut s'avérer fatigant, et mieux vaut éviter de finir au beau milieu du lac, incapable de regagner la berge. De même, si les pédalos à louer dans les zoos ou les parcs d'attractions ont l'air de glisser tout seuls sur l'eau, cela demande beaucoup d'efforts, et si vos petits-enfants ont les jambes trop courtes, c'est vous qui devrez pédaler. Demandez au loueur de l'embarcation s'il existe un raccourci pour revenir au point de départ, au cas où la balade s'avérerait trop éprouvante.

Les visites au zoo : une balade au zoo peut se traduire par des heures de marche et, selon l'agencement du site, vous serez peut-être obligés de faire tout le tour pour atteindre la sortie. Avant de démarrer la visite, repérez l'itinéraire le plus court et vérifiez s'il y a un moyen de sortir rapidement, si le besoin s'en fait ressentir.

Les balades en rosalie : les rosalies sont des voitures à pédales qui permettent de se balader nonchalamment sur les promenades de bord de plage. Elles semblent très faciles à tracter, mais c'est une fois que les enfants sont à bord que les choses se corsent, surtout si vous êtes le seul à pédaler. Proposez d'abord aux enfants de faire un tour d'essai tous ensemble. Sachant cela, ils seront moins déçus si vous sentez qu'il vaut mieux annuler la balade.

La cueillette de fruits : pour cette activité, vous devrez peut-être grimper aux arbres et porter des paniers lourds, sans oublier l'éventuelle marche de santé jusqu'au verger. Si vous manquez de condition physique, trouvez une ferme où l'on peut accéder aux arbres en voiture, cueillir les fruits à hauteur d'homme et/ou utiliser des échelles robustes. Munissez-vous d'un chariot pliant à roulettes pour transporter les fruits que vous aurez cueillis.

Les balades en ville : visiter une ville peut paraître moins risqué qu'une randonnée en pleine nature car, dès que la fatigue se fait ressentir, on y trouve toujours des cafés pour se reposer ou des taxis pour rentrer. Cependant, faites bien comprendre aux enfants que vous pourriez avoir recours à une de ces solutions, si la balade s'avère trop fatigante pour l'un d'entre vous.

Visiter l'école de ses petits-enfants

Une visite dans l'école de vos petits-enfants vous donnera une bonne idée de la façon dont ils passent leurs journées et leur permettra de vous présenter à leurs professeurs et leurs camarades. Si plusieurs de vos petits-enfants fréquentent la même école, proposez de passer un peu de temps dans la classe de chacun. Voici quelques exemples d'activités :

Lire un livre en classe. Beaucoup d'écoles accueillent des lecteurs extérieurs à l'établissement. Il suffit de prévenir à l'avance. Demandez à votre petit-enfant ce qu'il ou elle aimerait que vous lisiez, puis choisissez un livre adapté à la tranche d'âge de la classe. Quoi qu'il arrive, soyez bref, car les enfants se lassent vite.

Préparer un goûter spécial. Demandez aux parents de l'enfant de réserver une journée où vous pourrez apporter un goûter à l'école.

N'oubliez pas de consulter le règlement de l'établissement concernant les aliments allergènes. Vous pouvez demander à l'enfant ce dont il a envie ou lui faire une surprise. Dans ce cas, vous saurez déjà quelle histoire raconter, pendant que les bouts de chou se régalent.

Contribuer aux thèmes ou aux leçons abordés en classe. Demandez à l'enfant les sujets qu'ils abordent en classe et voyez si votre expérience personnelle peut apporter de l'eau au moulin. Votre métier, votre pays d'origine ou un de vos hobbies est peut-être en relation avec le thème en question.

Parler d'une fête religieuse ou d'une tradition familiale. Si vous avez l'habitude de confectionner et d'offrir de petits objets pour Noël, vous souhaitez peut-être proposer cette activité à la classe. Vous pouvez également apporter des pommes et du miel à la période de Roch Hachana, pour symboliser la douceur de la nouvelle année.

Accompagner un voyage de classe. Voilà qui va faire sauter vos petits-enfants au plafond ! Accompagner un voyage de classe est le moyen idéal pour aider l'école, faire connaissance avec les amis de ses petits-enfants et passer un moment privilégié ensemble. Si cette activité vous intéresse, faites-le savoir aux parents de l'enfant concerné pour qu'ils puissent en parler à l'école. Cela peut aussi rendre un fier service aux parents, qui, sans cela, auraient peut-être été obligés de participer au voyage.

Conseils pour passer prendre ses petits-enfants à l'école

Si vous vivez dans la même ville que vos petits-enfants ou si vous êtes simplement de passage, ne vous privez pas du plaisir d'aller les chercher à l'école. Cela permettra à leurs parents de souffler un peu ou de partir l'esprit tranquille en cas d'empêchement, mais ce sera aussi pour vous l'occasion de voir vos petits-enfants entourés de leurs camarades et d'entendre le compte-rendu complet de leur journée. Voici quelques conseils pour que tout se passe pour le mieux.

1 Si l'âge et la taille des enfants l'exige, n'oubliez pas de placer leur siège auto ou leur rehausseur dans votre voiture. En cas de doute, demandez aux parents s'ils en ont encore besoin. La loi française impose l'usage du siège auto ou du rehausseur jusqu'à ce que l'enfant atteigne le poids et la taille requis, c'est-à-dire au minimum 150 cm et 36 kilos, ce qui correspond en général au poids et à la taille d'un enfant de onze à douze ans.

2 Une fois à l'école, demandez à vos petits-enfants de vous faire visiter l'établissement ou de vous présenter leurs professeurs. Même si le personnel est occupé, vous serez sûrement autorisé à voir la classe des enfants et les œuvres qu'ils y ont exposées.

3 Vérifiez que les enfants ont tout ce qu'ils doivent ramener à la maison : devoirs, notes des professeurs, livres et cahiers à lire… Cela vous évitera de revenir quand ils s'apercevront qu'ils ont oublié un projet de science très important à rendre le lendemain.

4 En tant que papi ou mamie, vous disposez d'un passe-droit : celui d'offrir à vos petits-enfants un goûter spécial, quelque chose qu'ils n'ont pas l'habitude de faire avec leurs parents. Y a-t-il un glacier dans le quartier ? Une pâtisserie ? Prenez votre temps et savourez ce moment, à moins que les enfants doivent rentrer faire la sieste, évidemment.

5 Si les enfants passent la fin de l'après-midi avec vous, proposez de les aider à faire leurs devoirs. Vous verrez ainsi ce qu'étudient les enfants d'aujourd'hui et ce sera pour eux une source de motivation supplémentaire. Quant aux parents, ils ne demanderont pas mieux !

Organiser un grand repas ensemble

Si vous passez la journée avec votre petit-enfant, pourquoi ne pas en profiter pour préparer un grand repas ensemble ? Comme beaucoup d'enfants, il n'a probablement pas conscience de tout le travail que cela implique et sera fasciné d'apprendre qu'il ne suffit pas de réchauffer des croquettes de poulet au four à micro-ondes.

1 Passez la matinée à feuilleter des livres de recettes dans votre cuisine ou, encore mieux, dans votre café préféré, où l'enfant pourra déguster une petite pâtisserie. Parlez de vos plats de prédilection, des personnes que vous souhaitez inviter et en quoi cela pourrait affecter la composition du menu. Déterminez si vous voulez servir un plat unique, comme un gratin, ou un plat principal accompagné de plusieurs hors-d'œuvre. Vous pouvez aussi parler à l'enfant du plat que vous aimiez par-dessus tout quand vous aviez son âge.

2 Composez ensemble une liste d'invités et appelez-les à tour de rôle, mais seulement si l'enfant est à l'aise au téléphone. Sinon, cette tâche vous reviendra.

3 Demandez à l'enfant de noter tous les ingrédients dont vous aurez besoin. S'il ne sait pas encore écrire, rédigez la liste ensemble et laissez-le dessiner chaque ingrédient.

4 À présent, rendez-vous au magasin. Prenez un chariot et parcourez tous les rayons à la recherche des ingrédients nécessaires. Profitez-en pour expliquer à l'enfant comment vous vous approvisionniez quand vous étiez plus jeune. Votre famille allait-elle dans un supermarché ou dans des commerces de détail ? Allait-on

chercher le lait et les œufs à la ferme ? Y avait-il des frites et des pizzas surgelées à l'époque ?

5 Après lui avoir donné quelques conseils, laissez l'enfant choisir les plus belles tomates, les carottes les plus croquantes ou la viande la plus fraîche. Ne prenez le relais que si son choix n'est pas bon.

6 Achetez de quoi déjeuner sur le pouce en rentrant. Vous risquez d'être tellement absorbés par ce dîner que vous ne vous apercevrez même pas que vous avez faim. Profitez du déjeuner pour parler de l'ordre dans lequel vous allez préparer le repas. Notez votre plan d'attaque, pour pouvoir vous y référer au moment de vous mettre au travail.

7 Confiez à l'enfant des tâches adaptées à son âge. Il n'est peut-être pas assez grand pour faire bouillir de l'eau, mais il peut faire couler l'eau dans la casserole. S'il n'est pas encore en âge d'utiliser un couteau, il peut peut-être se servir d'un éplucheur en toute sécurité. Laissez-le rincer les légumes et mesurer les ingrédients avec vous. Ne vous précipitez pas ! Parlez-lui des différents ingrédients et comment vous allez les associer. Humez les arômes qui se dégagent. Laissez l'enfant croquer une carotte épluchée ou quelques pépites de chocolat tombées du sachet pendant que vous préparez le dessert.

8 Mettez la table. Faites preuve de créativité : sortez votre nappe à carreaux rouges pour un repas italien, ou votre belle porcelaine pour les grandes occasions. S'il en a envie, l'enfant peut préparer des cartons de placement pour les invités.

9 Finissez de cuisiner, accueillez vos invités et profitez de la soirée. N'oubliez pas de prendre des photos, pour immortaliser ce repas !

Reconstituer l'arbre généalogique

Fabriquer un arbre généalogique avec ses petits-enfants est un merveilleux moyen de les aider à comprendre les liens entre les personnes : pourquoi ils ont les mêmes grands-parents que leurs cousins, pourquoi leur oncle est le frère de leur père et d'où viennent tous les autres membres de la famille. Cette activité illustre parfaitement comment donner une forme tangible – des branches d'arbre ou des cases reliées entre elles – à un concept abstrait, la généalogie. Remontez aussi haut que possible, même si cela ne vous mène pas très loin. Le simple fait de remonter l'arbre généalogique donnera à vos petits-enfants une bonne idée de la famille telle qu'elle est aujourd'hui. Grâce à vos anecdotes et à vos souvenirs sur au moins deux générations plus anciennes, tous ces prénoms ne tarderont pas à prendre vie.

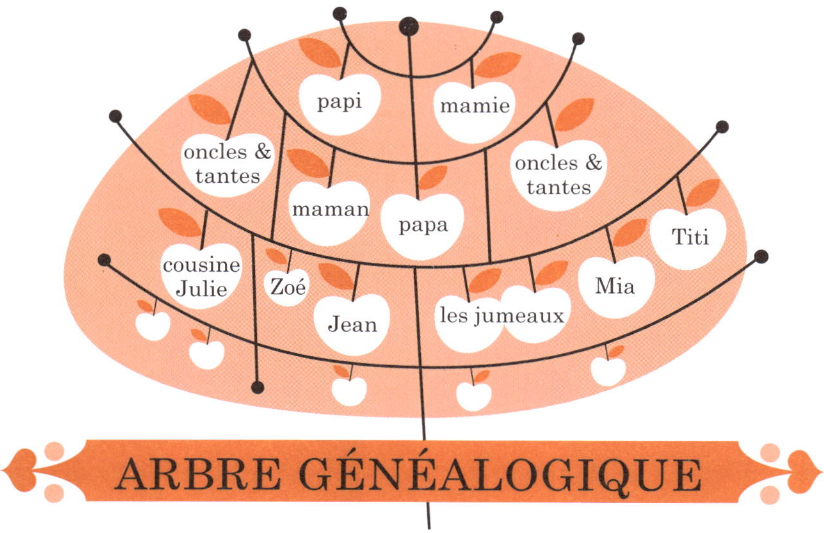

Ce qu'il vous faut :

- ★ 1 grand panneau carré de 1 m de côté
- ★ Plusieurs feutres noirs et de couleur
- ★ Des crayons
- ★ Des photos de famille (si possible)

1 Sur une feuille de papier, faites un croquis représentant les liens familiaux dont vous vous souvenez, en commençant par vos petits-enfants et en remontant de génération en génération.

2 Si vous avez oublié le nom de certains membres de la famille, laissez la case vide. Suggérez à vos petits-enfants d'appeler leurs tantes, leurs cousins et leurs autres grands-parents pour glaner auprès d'eux les informations manquantes, ou bien d'envoyer un e-mail. Il y a forcément quelqu'un qui se souvient de cette grand-tante qui a vécu seule toutes ces années au fin fond de sa campagne.

3 Fouillez les albums de photos à la recherche de photos de tous les membres de la famille que vous venez de citer. S'il vous manque les portraits de certaines personnes, vous pourrez demander aux enfants de les dessiner sur le tableau ou l'arbre récapitulatif (voir l'étape 5).

4 Sortez le grand panneau et aidez les enfants à dessiner la structure de l'arbre généalogique. Commencez par dessiner au crayon, les enfants pourront ensuite repasser les traits avec des feutres de couleur. Utilisez des Post-it pour déterminer la disposition du tableau. Les enfants pourront ainsi facilement évaluer l'espace nécessaire. Dans les arbres généalogiques classiques, les liens de parenté directs sont représentés par des branches.

Dessinez par exemple une case pour le nom et la photo de votre père, une autre pour ceux de votre mère, puis tracez des branches partant de ces cases et menant à une troisième case, juste en dessous, contenant votre nom et votre photo. Si vous avez des frères et sœurs, vous serez tous représentés sur la même ligne. Vous serez tous reliés à vos parents, au-dessus, et à vos enfants et petits-enfants respectifs, en dessous.

5 Laissez les enfants dessiner le portrait des membres de la famille dont vous n'avez pas la photo. Celui qui a la plus belle écriture sera chargé de noter les noms de chaque personne sous la photo ou l'illustration correspondante.

6 Une fois que l'arbre est complété, apportez-le dans un centre de reprographie et faites-en une copie par enfant. Vous pouvez les rouler comme des parchemins, pour que les enfants puissent fièrement les déployer ou les mettre dans des sous-verres pour que les enfants puissent l'accrocher dans leur chambre.

Dix livres à lire à ses petits-enfants

Chaque famille a sa collection de livres préférés. Ces livres ont été lus tellement de fois que les enfants peuvent les réciter par cœur. Ceci est la liste des dix livres préférés d'une famille, classés par catégories de public visé, des plus jeunes lecteurs aux plus grands. Avec l'âge, vos petits-enfants discerneront mieux leurs centres d'intérêt et vous n'aurez plus qu'à leur emboîter le pas. Mais dans le fond, il n'y a pas d'âge pour lire *les Derniers Géants* de François Place.

1. *L'Album d'Adèle* de Claude Ponti – Gallimard Jeunesse. Quand Adèle entre dans son album, elle peut s'en faire une tente. Surtout, elle peut rencontrer ses amis. Au début, ils ont l'air aussi sages qu'elle. En réalité, ils ont des vies terriblement agitées. Les poussins ne font que des bêtises, l'ours et la poupée s'embrassent comme des fous…

2. *Max et les maximonstres* de Maurice Sendak – L'École des loisirs. Max est un petit garçon pas très sage. Sa mère le prive de dîner et l'envoie au lit. Sa chambre se transforme peu à peu en gigantesque forêt tropicale. La mer cogne à sa fenêtre. Max embarque pour le pays des maximonstres. Ils sont terrifiants pour tout le monde, sauf pour Max, qui devient leur roi.

3. *Chien bleu* de Nadja – L'École des loisirs. Chien bleu n'est pas un chien comme les autres. Il est libre, puissant et très mystérieux. Il est aussi le protecteur, l'ami et le confident de Charlotte, qu'il revient voir chaque soir avant qu'elle s'endorme…

4. *Ernest et Célestine ont perdu Siméon* de Gabrielle Vincent – Casterman Jeunesse. Au cours d'une promenade, Célestine perd Siméon, son précieux petit pingouin de tissu, dans la neige. Quelle tristesse ! Ernest a beau lui apporter tous les doudous du monde, Célestine n'aime que son Siméon.

5. *Les Trois Brigands* de Tomi Ungerer – L'École des loisirs. Il était une fois trois vilains brigands… dont la vie changea totalement le jour où ils rencontrèrent Tiffany, la petite orpheline. De trois méchants elle en fit... des bienfaiteurs de l'humanité.

6. *Biboundé* de Michel Gay – L'École des loisirs. Biboundé est un bébé pingouin, qui, avouons-le, n'est pas un as de la toilette. Il redoute l'inspection des pingouins à laquelle se livre, chaque matin, le couple impérial. Ne sera-t-il pas traité de « gros dégoûtant » ? Ce dont rêve Biboundé, c'est de voler comme les oiseaux…

7. *La Belle Lisse Poire du prince de Motordu* de Pef – Gallimard Jeunesse. Le prince de Motordu ne parle pas comme tout le monde. Dans sa bouche, un château se transforme en chapeau, un garçon en glaçon, une fille en bille... Mais par amour pour la princesse Dézécolle, il est prêt à tout, même à réapprendre le langage !

8. *Charlie et la chocolaterie* de Roald Dahl – Gallimard Jeunesse. Le rêve de Charlie : manger du chocolat ! Or il a la chance de gagner un ticket d'or qui lui ouvre les portes de la fabuleuse chocolaterie de Willy Wonka... Ce classique de la littérature enfantine a été porté à l'écran par Tim Burton.

9. *L'Amoureux* de Rébecca Dautremer – Gautier-Languereau. Ernest n'arrête pas d'embêter Salomé. Il lui tire les cheveux, fait tomber ses lunettes exprès... La maman de Salomé dit que, peut-être, Ernest est amoureux d'elle. Mais ça veut dire quoi, amoureux ? Sur ce sujet, tous les copains de Salomé ont leur mot à dire.

10. *Les Derniers Géants* de François Place – Casterman Jeunesse. Un jour, Archibald Leopold Ruthmore acquiert une curieuse dent, de taille impressionnante. Une dent de géant, lui dit-on. Au bout de plusieurs années de recherche, il monte une expédition et découvre ces êtres fabuleux. Hélas, cette découverte entraînera la disparition de la civilisation des neuf derniers géants rêveurs d'étoiles.

Fabriquez votre propre livre

Si vos petits-enfants apprécient la lecture autant que vous, pourquoi ne pas écrire un livre pour enfants ensemble ? Réfléchissez à l'intrigue et aux personnages. Si vos petits-enfants sont très jeunes, confiez-leur l'illustration du livre, tandis que vous vous chargerez de taper ou d'écrire les textes. Mettez-vous d'accord sur le titre et créez une rubrique « À propos des auteurs ». Pour la reliure, vous pouvez tout simplement agrafer les pages ou encore les perforer et les relier avec de la ficelle. Pour un effet plus sophistiqué, créez une mise en pages sur ordinateur et scannez les dessins des enfants. Certains imprimeurs accepteront de relier votre livre en échange d'une petite participation financière. Cette « édition limitée » fera une excellente idée de cadeau !

Ouvrir un compte en banque pour ses petits-enfants

En ouvrant un petit compte épargne pour et avec vos petits-enfants, vous leur en apprendrez beaucoup sur la valeur de l'argent, pourquoi il faut économiser et comment, même en faisant de petits versements de temps en temps, il est possible de se constituer un joli pécule. La plupart des banques proposent des plans d'épargne conçus pour les enfants, censés véhiculer une image plus simple et ludique des opérations bancaires.

- Appelez d'abord la banque pour vérifier qu'elle dispose de plans adaptés aux jeunes épargnants. Si votre banque n'en propose pas, adressez-vous à un autre établissement. Privilégiez les succursales accueillantes et lumineuses.
- Vérifiez les pièces à fournir pour l'ouverture du compte. Certains établissements exigent le certificat de naissance de l'enfant et le livret de famille.
- Étudiez les relevés bancaires avec vos petits-enfants. S'ils vous sont adressés, vous pouvez en envoyer une copie à vos petits-enfants ou leur dire à combien s'élève leur cagnotte la prochaine fois que vous les aurez au téléphone. Quoi que vous fassiez, cela vous permettra de partager un projet à long terme avec vos petits-enfants, en leur donnant une notion de l'épargne qui les accompagnera toute leur vie.

Les dix questions que tous les petits-enfants posent

Les enfants posent beaucoup de questions et s'attendent à ce que vous ayez toutes les réponses. Après tout, ils estiment qu'il est normal que vous sachiez tout à votre âge, non ? Si vous avez de la chance, ils vous poseront la question que vous avez passé votre vie à résoudre. Qui fait les meilleures barres chocolatées ? Quel est le meilleur moment de la journée pour faire la sieste ? Zinedine Zidane est-il le meilleur footballeur de l'histoire ? En revanche, si vous n'avez pas la réponse, admettez-le franchement et proposez à l'enfant de partir en quête de savoir, grâce aux outils de recherche disponibles en bibliothèque ou sur Internet. Pour vous aider, nous avons composé une antisèche sur dix sujets brûlants qui intriguent les enfants.

1. Les chouettes peuvent-elles vraiment faire un tour complet avec leur tête ? Non. Mais c'est l'impression qu'elles donnent, car elles sont capables de faire un demi-tour, voire trois quarts de tour avec leur tête.

2. Qu'est-ce que la grêle et quelle est la taille maximale d'un grêlon ? La grêle est un type de précipitation, comme la pluie, la neige et la pluie verglaçante, qui tombe sous forme de billes principalement composées de glace. Les particules de grêle viennent des nuages orageux et se forment lorsque les cristaux de glace sont soufflés vers le sommet du nuage, parfois de manière répétée, avant de retomber sur terre. Pendant l'ascension, ces particules accumulent plusieurs couches d'eau glacée et deviennent de plus en plus volumineuses. Quand elles sont trop lourdes et que le vent ne parvient plus à les soulever, elles retombent sur terre. La taille d'un grêlon peut varier de celle d'un petit pois à celle d'une balle de tennis ou d'un petit pamplemousse.

3. Qu'y a-t-il au centre de la Terre ? La plupart des gens s'imaginent que la Terre possède un noyau liquide et bouillonnant mais, bien que le noyau externe soit fait de fer liquide en fusion, on pense que le cœur du noyau se compose principalement de fer dense à l'état solide. La température du noyau terrestre est extrêmement élevée, peut-être même plus qu'à la surface du Soleil.

4. Est-ce que les vers de terre ont du sang ? Oui. Les vers de terre sont des créatures beaucoup plus complexes et évoluées qu'on le croit. Plusieurs variétés présentent un sang rouge, chargé d'hémoglobine transportant l'oxygène à travers l'organisme, exactement comme dans le corps humain. Chez certaines espèces, le sang contient des pigments verts ou pas de pigments du tout. Autre fait surprenant : les vers de terre ont aussi de petits cerveaux, de petits yeux et de petites papilles gustatives.

5. Où se trouve le plus grand arbre du monde ? Le plus grand arbre du monde est un séquoia de presque 120 mètres de haut, au cœur du parc national de Redwood, une forêt de séquoias, en Californie. Il n'est pas rare de croiser des séquoias de plus de 80 mètres de haut.

6. Quelle est la voiture la plus rapide du monde ? L'Ultimate Aero, produite par Shelby SuperCars, peut dépasser les 430 km/h et coûte plus de 950 000 euros. En 2007, elle est entrée dans le *Guinness World Records* comme la voiture la plus rapide du monde.

7. Pourquoi le ciel est-il bleu ? De toutes les couleurs de l'arc-en-ciel (rouge, orange, jaune, vert, bleu, indigo et violet), le bleu fait partie des ondes lumineuses de plus courte fréquence du spectre visible. Par conséquent, les ondes bleues se diffusent mieux à travers l'atmosphère. Les autres couleurs, qui présentent une longueur d'onde plus élevée, sont absorbées au lieu d'être diffusées.

8. Pourquoi les chevaux dorment-ils debout ? Parce qu'ils doivent être prêts à fuir à tout moment. Cela fait partie du mécanisme de défense des chevaux contre leurs éventuels prédateurs. C'est une caractéristique héritée de l'époque où la plupart des chevaux vivaient à l'état sauvage et n'étaient jamais à l'abri d'une attaque d'ours ou de coyote.

9. Pourquoi bâille-t-on ? Pour oxygéner notre organisme. Quand on est fatigué, notre organisme, y compris notre cœur, ralentit légèrement. C'est pourquoi il cherche à absorber plus d'air, pour s'approvisionner en oxygène. Le bâillement sert donc à aspirer une plus grande quantité d'air.

10. La magie existe-t-elle ? C'est une question de point de vue. Peut-on se téléporter comme Harry Potter ? Dans quelques années, peut-être. Peut-on changer le monde d'un coup de baguette magique ? Rarement. Mais quand vous posez les yeux sur vos petits-enfants, comment croire qu'il n'y a pas un peu magie dans ce monde ?

Paroles de grands-parents

QU'AURIEZ-VOUS AIMÉ FAIRE DIFFÉREMMENT AVEC VOS PETITS-ENFANTS ?

“Les écouter plus. Bien qu'ils soient jeunes, ils savent ce qu'ils aiment et ce qu'ils n'aiment pas.”

Juliette, 4 petits-enfants

“Éteignez votre téléphone portable quand vous êtes avec vos petits-enfants. Rien ne leur fait plus plaisir que d'être le centre d'attention.”

« Mamie », 10 petits-enfants

“Ne pas les laisser écouter les conversations d'adultes.”

Patrick, 5 petits-enfants

“J'ai eu des grands-parents formidables et très généreux et mes parents, qui ont été des grands-parents formidables pour mes enfants, m'ont beaucoup appris. J'aurais donc très peu de choses à changer. J'aurais aimé parler avec mes petits-enfants du divorce de leurs parents, mais je sentais que ce n'était pas une bonne idée. Je pense que nous nous entendons d'autant mieux que je ne suis pas intervenue.”

Françoise, 2 petits-enfants

“Je regrette de ne pas avoir passé plus de temps avec eux.

Brigitte, 4 petits-enfants

Bloc-notes